U0469126

社长访谈 县委书记

COUNTY GOVERNANCE IN ZHEJIANG

县域治理的浙江实践

姜军 主编

红旗出版社

编委会

主 任
姜 军　李 杲

副主任
王水明　童 杰

成 员
褚定华　谭伟东
赵俊伟　吴雅茗
蔡李章　童 俊
劳思雯　葛熔金
韩益勃　余家锋

序一

中国式现代化县域巨变的精彩呈现

中国改革开放论坛理事长、中央党校（国家行政学院）原分管日常工作的副校（院）长　何毅亭

中国自古以来就有"郡县治，天下安"的治国理念和治国经验。党的十八大以来，习近平总书记高度重视县域治理。他曾生动比喻："如果把国家喻为一张网，全国三千多个县就像这张网上的纽结。'纽结'松动，国家政局就会发生动荡；'纽结'牢靠，国家政局就稳定。国家的政令、法令无不通过县得到具体贯彻落实。因此，从整体与局部的关系看，县一级工作好坏，关系国家的兴衰安危。"

我国幅员辽阔，各个县的县情不尽相同甚至差异很大，如何科学把握不同县域的禀赋特色，分类制定县域发展战略和策略，至关重要。这方面，有一个省取得的成就值得关注，那就是土地面积10.55万平方千米、常住人口6500余万人的浙江省。2023年，浙江全省GDP达82553亿元，以全国1%的国土面积贡献了全国6%的生产总值；全体居民人均可支配收入63830元，居全国省（区）第一位；城乡居民人均收入倍差1.86，是差距最小的省份之一。

这些成绩的背后，离不开习近平总书记在浙江工作期间亲自擘画的"八八战略"及其实践而推动该省发生的全方位、深层次、系统性巨变。他在浙江工作时提出，加快发展块状经济，着力提升县域经济的整体实力，必须在"做大做强、强化特色、拓展空间、城乡联动"上下功夫。在浙江工作6年期间，他的足迹踏遍这里的山山水水，并根据县域资源禀赋提出

相应的发展路径，为浙江的县域高质量发展播撒了成功的种子。

如今，浙江的县域高质量发展已然百花齐放。浙江日报报业集团社长、党委书记姜军的新著《社长访谈县委书记：县域治理的浙江实践》，就是选取12个发展路径各具特色的县，与这些县的县委书记所进行的深度对话。该书首次尝试通过访谈县委书记的形式，系统地从县域发展的底层逻辑、发展思路、创新路径等维度展开，既有县域共性问题的方案，又有各县发展中所遇问题的解答。书中呈现了浙江在县域治理中的许多成效，如"枫桥经验"在新时代的进一步丰富和发展、"绿水青山就是金山银山"的发展理念，引领乡村全面振兴的"千村示范、万村整治"工程所蕴含的发展理念、工作方法和推进机制，等等，都历经实践且熠熠生辉。从这些"浙江之治"中可以追寻"中国之问"的答案，为其他县域实现高质量发展提供浙江方案。

纵观全书，具有以下4个特点。

一、记录了奋斗历程的鲜活性叙事

中国特色社会主义进入新时代，这是中国发展新的历史方位。以习近平同志为核心的党中央锐意进取、继往开来，实践上有一系列新部署新举措，理论上有一系列新思想新观念。集中到一点就是：以中国式现代化全面推进强国建设、民族复兴伟业。

毫无疑问，强国建设、民族复兴离不开治县兴县强县，离不开全国2800多名县（市、区、旗）委书记带领人民一起奋斗。如何讲述县委书记与人民一起奋斗的故事，是构筑中国式现代化豪迈征程中宏大叙事的重要组成部分。

细读该书，我的第一感受就是创新了叙事风格。该书主编历任杭州市余杭区区长、杭州富阳市（区）委书记等职，如今又亲历媒体一线，既有为政者"国之大者"的胸怀和心系百姓的民生情怀，又有媒体人铁肩担道义的职业精神和责任使命，这使访谈更多地体现出鲜活、务实、朴素的风格，又较好地把握了时、度、效，增强了内容的吸引力和感染力。

习近平总书记指出，宣传思想工作一定要把围绕中心、服务大局作为基本职责，胸怀大局、把握大势、着眼大事，找准工作切入点和着力点，做到因势而谋、顺势而动、顺势而为。在访谈过程中，作者把县域的发展置于中国式现代化进程的宏大场景中，通过数据呈现百姓幸福感、获得感；用新闻语言解读党和国家的方针政策，让访谈更生动、更具感染力；用问题导向切入话题，投射现实发展的成绩与矛盾、冲突与破题，让访谈更具针对性。访谈紧紧聚焦百姓民生、聚焦创新与发展、聚焦县域的过去与未来、聚焦党委政府与人民群众的凝心聚力奋斗。如此等等，真切地展现了浙江县域治理的壮阔画卷，读来受益匪浅。

二、呈现了郡县之治的创新性发展

习近平总书记指出，我国县的建制始于春秋时期，因秦代推进郡县制而得到巩固和发展。两千多年来，县一直是我国国家结构的基本单元，稳定存在至今。

该书访谈的坐标正是确立在中国式现代化进程中的县域样本上，突出了与时俱进的郡县治理在中华民族伟大复兴中的重要意义。从历史角度看，郡县之于中国治理有着深刻的演变时间；从发展角度看，郡县治理需要有"功成不必在我，功成必定有我"的空间变量。

中华文明是世界上唯一绵延不断发展的伟大文明。"郡县之治"已成为中华文明演变历史中重要的文化现象，是推动中国历史进程的重要力量，融入"四个自信"的话语体系之中。浙江有一万年的文化发展谱系。有着"中华第一城"之称的良渚古城遗址实证了中华五千多年的文明史，孕育出独特的浙江郡县治理之道。由此及彼，如何从历史文化中汲取养分是县委书记的必修课，如何"贯通""融通""两个结合"是县委书记的必答题。

良渚古城所在的杭州余杭古今辉映，在保护传承历史文化的同时大力实施科技创新，保持了经济的高速增长，2023年余杭GDP总量居浙江县（市、区）首位。

浙江的实践告诉人们，中国的郡县之治既要善于从历史的人文蓄水池中找答案，又要从百年未有之大变局的实践中找钥匙，还要从百姓的口碑中找答卷。

三、诠释了县域发展的创造性实践

习近平总书记指出，县委是我们党执政兴国的"一线指挥部"，县委书记是"一线总指挥"。在全面推进中国式现代化的伟大实践中，县委书记要谋几十万乃至上百万人的改革发展稳定大计，管千头万绪的事务，这个舞台足够大、足够有干头，做一名县委书记非常光荣、非常有意义，也非常不简单、非常考验本领。

你看，义乌这个神奇的地方，是一座建立在社会主义市场经济基础上的县级城市，是开放中国的缩影，在这里经商、居住的外国人多达数万。该书中，金华市委常委、义乌市委书记王健讲述了在自然资源稀缺的情况下义乌如何发展成为全球最大商品市场的故事，讲述了义乌在不断创新中如何实现从"买卖全国"到"买卖世界"的跃升故事，其中蕴含的县域治理之道十分珍贵。

还有浙江最年轻的县级市温州市龙港市委书记何宗静所谈的该市从"新生城市"到"新型城市"的华丽蝶变，同样很精彩。目前该市正在实施的大部制、扁平化管理等行政体制改革，展现出与时俱进的县域治理之道，必将激发出巨大的县域活力和爆发力。

在访谈中，绍兴市委常委、诸暨市委书记沈志江重新诠释了在全国推广的"枫桥经验"60年来不断演进、历久弥新的原因。"枫桥经验"的内涵在实践中不断丰富和发展，已不仅是化解家长里短矛盾的方式，更是基层治理体系与治理能力现代化的体现，成为助推高质量发展和共同富裕的重要保障。

习近平总书记指出，作为"一线总指挥"的县委书记们坚定了、沉着了，朝着大目标共同努力了，阵地才守得住，战斗才打得赢，理想才能不断变为现实。因此，无论是改革创新还是开放图强，县委书记必须每一天都要敢于面对一线的热点、难点，敢于抓住改革的重点、焦点，善于激励万千民众聚力发展。可以说，县域治理的良善，考验着县委书记的素质和能力，体现的是强国建设、民族复兴的扎实基础。

四、体现了省域共富的开创性探索

习近平总书记指出，要着力解决好人民最关心最直接最现实的利益问题，特别是要下大气力解决好人民不满意的问题，多做雪中送炭的事情。经济建设是党和国家的中心工作，发展是我们党执政兴国的第一要务。经济发展了，人民群众的物质文化生活不断得到改善，国家治理就有了坚实基础和保障。

缙云是浙江山区26县之一。在中国，山区很长时间似乎就是落后的代名词，但在缙云却是另一番情形。丽水市缙云县委书记王正飞在访谈中表示，该县借助生态优势，用创新推动县城发展，在企业开展"创新论英雄"的绩效评价，让山区高质量发展跑出新速度。同样是山区县的仙居，是浙江省高质量发展建设共同富裕示范区的首批试点之一。台州市仙居县委书记崔波坚持从群众中来、到群众中去的群众路线，由此解决了许多发展资源要素问题、发展方向问题、企业销售问题，低收入农户收入增速居台州市第一、全省山区26县第一。

实践表明，当好县委书记，一定要既"接天线"又"接地气"，把强县与富民统一起来，把改革和发展结合起来，把城镇和乡村统筹起来，把共同富裕的大路越走越宽。我们欣喜地看到，在实现共同富裕的道路上，浙江城乡居民收入倍差连续11年缩小，在过去3年内从1.94缩小到1.90再缩小到1.86。

历史宏大的叙事离不开来自现实的生动细节。《社长访谈县委书记：县域治理的浙江实践》一书撷取的12个县域样本，试图回答包括人民民主方案、社会治理方案、综合发展方案等诸多层面的难题，提炼来自浙江县域的原创性经验。

由浙江而中国的县域治理，是展现中国特色社会主义制度优势，向世界展示中国式现代化道路的独创性、人类文明的丰富性以及国家制度和国家体系的多样性的十分重要的方面。希望更多的从政者、施政者特别是县委书记阅读本书，从中吸取到对自己工作有益的东西。

是为序。

序二

解剖"关键麻雀"，求解县域高质量发展

国家哲学社会科学一级教授　韩庆祥

2023年9月，习近平总书记又一次亲临浙江考察，发表重要讲话、作出重要指示，赋予浙江"中国式现代化的先行者"新定位、"奋力谱写中国式现代化浙江新篇章"新使命。为深入学习贯彻习近平总书记考察浙江重要讲话精神，浙江日报报业集团社长、党委书记姜军围绕"八八战略"的发展实践和理论思考，从县域层面如何找准方位坐标，坚定扛起勇当先行者、谱写新篇章的使命担当，与12位县委书记进行对话，畅谈持续推动"八八战略"走深走实，提炼"八八战略"指引下的县域高质量发展的浙江经验。

一个县就是一个基本完整的社会，"麻雀虽小，五脏俱全"。习近平总书记高度重视县域治理，他强调，在我们党的组织结构和国家政权结构中，县一级处在承上启下的关键环节，是发展经济、保障民生、维护稳定、促进国家长治久安的重要基础。

习近平总书记在浙江工作的6年时间里，对县域发展非常重视，到任一年多就深入调研了全省全部90个县（市、区）。他亲自擘画"八八战略"指引浙江实现全方位、系统性、深层次精彩蝶变，谋划"千村示范、万村整治"工程为乡村振兴战略指明路线，提出"绿水青山就是金山银山"理念为绿色发展奠定方向，深化山海协作、城乡统筹为共同富裕提供路径。这些重大决策部署，为浙江现代化建设的先行征程提供了坚实战略支撑，

也为新时代中国式现代化战略推进提供了重要经验来源。

"八八战略"提出20余年来，浙江上下齐心，坚持一张蓝图绘到底，一任接着一任干，实现了历史性变革，站上了新的更高起点。如今，浙江正朝着奋力打造新时代全面展示中国特色社会主义制度优越性的重要窗口、不断书写中国式现代化浙江新篇章的征程上迈进。

习近平总书记指出，县委是我们党执政兴国的"一线指挥部"，县委书记就是"一线总指挥"。为推动对总书记重要讲话精神的学习贯彻走深走实，浙江日报报业集团、潮新闻策划"潮涌之江·对话县委书记"大型融媒体访谈活动，由集团社长、党委书记姜军亲自带队，并作为主持人通过视频专访县委书记，把报道主体对准了"一线指挥部"和"一线总指挥"，也为本书的编写提供了丰富素材。

在不到一个月的时间内，完成对浙江省11个设区市12位县委书记的专访，这样的强度对于日常工作原本就很忙碌的省级党报集团社长而言，几乎是不可能完成的任务。

姜军社长的履历有点"特殊"：现任省级党报集团一把手的他，曾在浙江一个强县当过"一线总指挥"。因此，他在访谈中既以媒体负责人视角进行采访，又将此前担任县委书记时的感悟、思考融入对话，直面县域发展过程中的热点、难点和痛点，让问题针对性更强。访谈前，姜军社长结合个人履历和学习思考，建构独具特色的对话坐标体系，确定从"接天线、谋方位、强统揽、用干部、善应变、作动员、看作风、察政绩、听口碑"等9个维度学习与记录县委书记们施展才华的脉络与路径，让他们尽可能放开讲、讲真话。笔者拜读姜军社长撰写的《对话县委书记的九个维度》后，深受启发。

姜军社长也是非常勤奋、认真的人。笔者了解到，所有访谈提纲均由他亲自操刀设计。每次访谈前，他会翻阅大量关于该县县情以及该县委书记的参考资料。因此，在至少一个半小时的访谈时间内，县委书记需要回答20余个问题,其中至少15个是针对该县现状的个性化问题。

如此精心设置的访谈提纲,让县域发展和县委书记履职心路有了更为丰富的呈现。我们发现,书中既有关于各县在共同富裕、社会治理和经济发展等领域的共性问题的实践与探索,也有对义乌发展经验、"绿水青山就是金山银山"理念和"枫桥经验"等习近平总书记对当地重要指示批示精神内涵的丰富与深化,还有对书记、县长如何唱好"将相和"的探讨等,甚至还有县委书记们运动、看书等个人爱好的内容。更为难得的是,姜军社长还专门为每篇访谈撰写采访手记,呈现一个完整访谈的有效闭环。

在姜军社长的带头示范下,浙江日报报业集团投入大量优质采编力量前往县域深入调研,作为对话访谈内容的细化和补充,为县域发展解码。同时,潮新闻根据对话内容梳理出共同富裕、经济、基层治理、科技创新、文旅、人才和兴趣爱好等7个方面内容,为其他县域发展提供可借鉴、可参考的路径。

既从社长视角展现媒体人对县域治理的观察,又结合个人经历从"一线总指挥"视角思考,姜军社长大概是第一个吧。通过这样的方式解剖浙江县域发展"关键麻雀",一般记者无法提供和体会,大部分党政干部也不会如此思考。这些独家内容、独特思考,让访谈更具可读性、深刻度和多样性。

因此,本书的出版至少有3个层面的意义和启示:其一,对于县域高质量发展而言,浙江毫无疑问是全国的先行者和典范。本书挑选浙江11个设区市最具代表性的县域样本,既有经济发达县,也有山区县,各自发展阶段不尽相同;共性化的问题和个性化的发展,为全国其他县域提供可借鉴、可参考的样本。其二,对于广大干部特别是县委书记而言,这是一本不可多得的工具书,无论对履职思考,还是对个人能力提升,都会有所帮助。其三,对于媒体从业者而言,本书为重大主题类访谈的采访准备、议题设置、切入角度等积累了经验。

前言

高端访谈的"三重视角"
——解析"潮涌之江·对话县委书记"大型融媒体访谈

2023年11月底至12月初，浙江日报报业集团、潮新闻策划推出"潮涌之江·对话县委书记"大型融媒体访谈，集团社长、党委书记姜军作为主持人，对11个设区市的12位县（市、区，下同）委书记进行视频访谈，就热点问题、焦点问题展开对话，全面反映浙江各地领导干部的精神风貌，以及各地在奋力推进中国式现代化新征程上勇当先行者谱写新篇章的新举措。

本次访谈思路新、内容新、形式新、传播新，先后推出的106篇稿件，全网总传播量3500万，在多个维度取得良好反响和反馈，有效提升了潮新闻的品牌力和影响力。在媒体领域，不少同行反馈，在媒体融合向纵深发展的背景下，省级党报集团社长带头深入一线蹲点采访，对媒体转作风、改文风起到表率作用。在党政机关，一些领导干部表示，党政干部接受媒体采访并不少见，但采访者大都是一线记者、主持人，省级党报集团社长采访的形式第一次看到，丰富了访谈内涵，带来更强的延展性。在学术界，中央党校（国家行政学院）、浙江大学、复旦大学等高校专家学者围绕本次访谈撰写10余篇评论文章，纷纷称赞相关报道，高度评价浙江县域治理的突出成效和县委书记的"治县秘籍"。

很多人问，本次访谈采访者和受访者很"高端"，新闻产品、传播数据和线下影响也很"高端"，有什么深意？有哪些创新？以下从"三重视角"进行系统解析。

一、从政治视角看：省级党报集团掌门人和县域"主官"携手，立足浙江实践讲好总书记故事

2009年浙江日报创刊60周年之际，时任中共中央政治局常委、国家副主席习近平同志致信祝贺，对浙江日报报业集团提出"争创一流党报集团"期望要求。遵循殷殷嘱托，集团明确"争创新时代一流党报集团"发展目标。本次访谈，是集团锚定发展目标，牢记职责使命，主动作为讲好总书记故事、服务中心大局的一次探索尝试。

1. 在政治站位上，是学习宣传贯彻习近平总书记考察浙江重要讲话精神的落实举措

习近平总书记曾在浙江工作6个年头，足迹遍及全省各县，为浙江擘画了"八八战略"宏伟蓝图。党的十八大以来，习近平总书记先后6次亲临浙江考察指导，多次对浙江工作作出重要指示批示。2023年9月，习近平总书记再次亲临浙江考察，赋予浙江"中国式现代化的先行者"新定位、"奋力谱写中国式现代化浙江新篇章"新使命。新征程上，浙江如何沿着总书记指引的方向，勇担使命、勇挑大梁、勇立潮头，持续深化落实"八八战略"，不断拓展中国式现代化省域实践路径，是需要承担的职责使命，是需要回答的时代之问。2023年11月3日举行的浙江省委十五届四次全会，对全省作出"在奋力推进中国式现代化新征程上勇当先行者谱写新篇章"动员部署。

围绕浙江的新使命、新征程，浙江日报报业集团主动作为、提前谋划，把做好省委全会的宣传报道作为践行习近平总书记考察浙江重要讲话精神的重要载体，以"知浙江、为浙江、兴浙江"的文化自觉，充分调动各方力量和资源，集中兵力和优势做好主题宣传。本次访谈，就是浙江日报报

业集团在全会主题报道中，坚持"走转改"的一个主题策划和重要创新。浙江日报报业集团把县域这个"我国经济发展和社会治理的基本单元"作为报道切口，经反复酝酿提出策划方案，由姜军和县委书记分别作为省级党报集团和县域代表对话，以点带面展示各地学习贯彻实践与成果，讲好浙江牢记嘱托、感恩奋进、实干争先故事。方案得到浙江省委和省委宣传部认可后，浙江日报报业集团联动各地迅速开始执行。

2. 在访谈定位上，是省级党报集团社长与县委书记的"高端"组合

省级党报集团社长与县委书记，分别是省级党报集团与县域治理的主要负责人，这两个角色的交集往往是间接的，有物理距离。通过一线记者采访报道，县委书记宣传工作成效、接受舆论监督，社长则了解县域情况、谋划宣传方向。本次访谈坚持高站位、高起点、高质量，社长从幕后走向台前，与县委书记面对面对话，打造全新场景，形成"高端"组合。

本次访谈取得成功，重要原因之一就是这个"高端"组合的加持、助力和赋能。主要表现在：更新颖，社长和县委书记作为两个领域的"主官"，首次跨界联动，既有代表性、引领性，又极具形式感、话题度，报道一经刊发就引来社会各界广泛关注；更均衡，与普通记者相比，社长阅历、站位、信息掌握等方面更深更高更广，与县委书记形成更加均衡、更高层次的采访格局，带来更强思想交集、更多观点交换、更深问题剖析；更有效，社长带头带队深入基层，转作风、改文风，并投入大量优质采编力量前往县域进行深入调研作为对话访谈内容的细化和补充，最终将省级党报集团媒体融合成果与基层生动实践有效碰撞、互融互促，叠加形成多重优势，形成了更高质量采访成果。

3. 在角色本位上，是省级重大新闻传播平台担当作为的实践检验

2023年，浙江日报报业集团对原有三大客户端进行战略重组，举集

团之力建设省级重大新闻传播平台，上线潮新闻客户端，推进主力军全面挺进主战场。以潮新闻为主导，策划和实施本次访谈，是一次检阅成效的"沙场点兵"，更是一次交流互鉴的"案例教学"。省级传播平台履职尽责的使命担当：潮新闻的定位是省级重大新闻传播平台的主力舰，致力把浙江的制度优势、组织优势、人力优势、资源优势转化为传播的聚合优势，在全国舆论场中发出浙江声音并产生重大影响力，是省委省政府交给集团的重大政治任务。在全省上下深入学习贯彻习近平总书记考察浙江重要讲话精神的关键时刻，潮新闻作为省级党端，主动作为、创新谋划、落实担当，是应尽的责任和义不容辞的使命。释放全媒体传播体系效能的最强支撑：潮新闻上线以来，以定位新、呈现新、打法新、技术新、运营新、架构新、体制新的"7新阵"为特色，初步摸索出一套从生产到传播全流程增强传播力、影响力的"组合拳"，取得了阶段性进步和成果。本次访谈有效运用潮新闻广用户、大流量传播优势，有效运用新媒体人才聚集、技术保障到位的资源优势，打造最专业的团队，提供最有力的支撑，以省级党报集团坚实全媒体传播体系的最强效能，为省委中心工作和发展大局宣传造势、助力赋能。潮新闻自身持续发展的内生需求：潮新闻上线以来，面对媒体融合2.0阶段的真空地带，面临诸多困难和问题，比如上线初期"10万+"稿件不足、平台日活数进入瓶颈、与市（县、区）融媒体对接不够充分等问题。浙江日报报业集团主动加压，大胆先行先试，有效谋划策划，努力提升关注度和影响力。比如，2023年上半年，姜军每天撰写微信推文为潮新闻作宣传，以此为基础推出《读端》栏目。本次访谈，是浙江日报报业集团打造多形式、多业态融媒体产品的又一次集中尝试；通过访谈，找出当前存在的问题短板，探寻客户端传播力影响力提升的新路，在全省范围内为潮新闻作了一次大规模、沉浸式的宣传与推广。

二、从县域视角看：多维度"解剖"县域治理，立体呈现"中国之治"的"窗口"样本

县域治理是推进国家治理体系和治理能力现代化的重要一环。姜军曾在县级党委政府主要负责人岗位上工作多年，对"郡县治，天下安"深有感触，同时也意识到，承担"重要窗口"光荣使命的浙江，县域治理成果和经验在全国乃至更广范围具有一定示范意义。

遵循习近平总书记关于调查研究重要论述精神，本次访谈坚持高标准、多维度、新形式，以党报站位"解剖"县域典型样本、反映"浙江之窗"，进而展示"中国之治"。

1. 突出典型引领筛选访谈对象

浙江"七山一水两分田"，也是全国岛屿最多的省份，90个县各有特色和亮点。如何通过本次访谈立体反映县域治理"浙江成果"？访谈团队与各市组织、宣传等有关部门反复酝酿，多维度筛选访谈对象。

在限定访谈对象总体数量的前提下，首先考虑全省11个设区市全覆盖，且兼顾"大城"和"小县"、山区和海岛等不同区域特点和定位。在此基础上，原则上在每个市精心筛选出至少一个具有样本意义的地区。比如，余杭是浙江"经济第一区"，龙港是全国首个"镇改市"，安吉是"绿水青山就是金山银山"理念诞生地，嘉善是全国唯一县域高质量发展示范点，又是长三角生态绿色一体化发展示范区的重要组成部分，越城是运河边的千年古城，诸暨是"枫桥经验"发源地，义乌是"世界超市"，地处山区的衢江2023年前三季度GDP同比增长14.1%居全省前列，仙居是浙江高质量发展建设共同富裕示范区首批试点，缙云是山区26县典型代表，等等。窥一斑而知全局，如此丰富且具代表性的样本，全景式地展现了浙江省的发展现状。

2. 注重系统思维策划访谈内容

一个县就是一个基本完整的社会，因此县委书记"官不大，责任不小、压力不小"。如何通过本次访谈系统梳理县域治理"浙江经验"？

首先，姜军结合工作经历，系统重读《之江新语》，从习近平新时代中国特色社会主义思想，特别是习近平总书记关于县域治理重要论述精神富矿中寻思路、找答案，构建本次访谈坐标体系，确定从接天线、谋方位、强统揽、用干部、善应变、作动员、看作风、察政绩、听口碑等9个维度，学习与记录县委书记们施展才华的脉络与路径。

其次，在此基础上，访谈团队结合前期蹲点调研，翻阅县委书记日常讲话、当地政府工作报告、近年来相关新闻报道等大量资料，深入了解受访县域整体情况、发展特色等，为每个县准备既具共性又显个性的采访提纲。其中，"如何落实好习近平总书记对浙江、对当地的重要指示批示精神"等5个问题，是共答题也是必答题。同时，结合每个县发展特点，分别度身定制了人们普遍关注的15个个性题。比如，针对浙江"第一强县（市）"慈溪，姜军的提问是：如何以都市圈经济推动慈溪县域经济转型升级？针对岛屿众多的普陀，姜军的问题则是：如何抓住面朝大海的优势，推动产业的兴盛与发展？针对山区县缙云，姜军问道：连续两年夺得全省代表科技创新最高水平的科技创新鼎，这是怎么做到的？针对深入贯彻新发展理念的嘉善，姜军则重点提问："双示范"是如何做到的？

这些共性题和个性题相得益彰，既让访谈对象感到亲切自然，又让读者用户感觉真实可信，看到浙江各地从实际出发创造性贯彻落实习近平总书记重要讲话精神的生动实践。

3. 坚持求真求深确定访谈方式

相较于文字报道，视频访谈增加了画面和声音等信息，呈现更丰富。但如果这些信息不够吸引人，可能起不到应有作用甚至起到反作用。如何通过本次访谈更好呈现县域治理"浙江风貌"？姜军与受访县委书记沟通约定，双方脱稿交流。

这是一场"冒险"：姜军平生首次作为视频访谈主持人，县委书记面对十几个甚至更多的问题，在1个多小时的访谈时间里，双方都不用提词器、提示卡等辅助工具，围绕主题，敞开心扉，尽兴发挥。访谈前，双方都有些紧张，像是参加一场重要的考试，不自觉地捏一把汗。

结果表明，得益于前期的充分准备和受访对象的真才实学，这次"冒险"成功了。抛开提词器、提示卡等"束缚"，双方经过起初的"小紧张"，马上迎来酣畅对话。在"既定问题"基础上追问、对"随机问题"现场回答，在思想碰撞中，县委书记"金句"频频，浙江县域和浙江干部的形象也由此更加鲜活丰满。

三、从传播视角看：这是一场重大主题报道实战硬仗，检验了媒体融合发展的探索成果

2023年是习近平总书记提出媒体融合10周年。10年来，浙江日报报业集团紧跟习近平总书记要求，立足自身优势作了大量探索与创新。尤其是2022年以来，集团将传播能力建设作为省级党报集团的关键能力，形成契合浙江发展、独具浙江特色的三维复合探索，推进媒体融合不断走向纵深。其中，在传播产品层面，打造省级重大新闻传播平台，目前潮新闻全网用户突破1亿，端内用户超过5000万。在技术驱动层面，牵头建设传播大脑，打造全省媒体融合发展统一技术底座和对外出口。区域生态层面，依托"天目蓝云"构建省域一体化传播体系，全省媒体融合"一张网"局面初步形成。

遵循习近平总书记"用得好是真本事"重要指示精神，本次访谈坚持高效率、全媒体、新传播，是浙江日报报业集团媒体融合发展探索成果的实战检验，也是积累信心、发现问题、推动媒体融合向纵深发展的探索实践。

1. 报端联动，聚合主阵地与主战场传播渠道

浙江日报报业集团坚持党报与党端协同发展、省域媒体一体化传播，努力放大一体效能，全力守好主阵地、全面挺进主战场。

围绕本次访谈，访谈团队制定传播方案，聚合传播渠道资源，1个月内持续、密集推出报道，形成声势。其中，突出报纸端"一锤定音"权威性，运用《浙江日报》头版版面等核心资源呈现访谈内容，面向读者，特别是广大党政干部进一步深化影响力。注重潮新闻"全网用户突破1亿"的广泛性，将访谈内容与广用户、大流量有效对接，单篇报道端内最高阅读量19.8万，全网传播量超过222万。发挥省域媒体一体传播联动性，相关报道通过"一张网"向省域媒体特别是当地新媒体分发，进一步扩大传播覆盖面。

2. 呈现生动，遵循规律丰富传播形式

浙江日报报业集团坚持把优质原创内容作为核心竞争力，不断深化内容生产供给侧结构性改革，以内容优势赢得发展优势。

本次访谈在呈现环节力求生动，制作一系列符合互联网传播规律的新媒体产品。整组报道上篇主要从县域切口着手，刊发访谈综述短视频，呈现12个特色鲜明的县域治理样本，以"金句"摘录和采访手记为"彩蛋"，在内容上做增量。下篇以姜军提出的"对话县委书记的九个维度"为牵引，按照共同富裕、经济、基层治理、科技创新、文旅、人才、兴趣爱好等7个主题梳理访谈内容，在角度上作细分。此外，潮新闻专门开发大型融媒体产品，便于读者用户"一篇通览"。

按计划，整组报道还将汇编成册出版，并组织专题研讨等配套活动，丰富呈现形态、传播形式。

3. "读端"互动，专家点评放大传播效果

浙江日报报业集团坚持"开门办报"，在与读者用户互动中增强传播效能。遵循这种理念，姜军推动潮新闻探索打造"新闻+评论+社交"特色栏目《读端》，已经有百余名高端创作者通过该栏目分享见解，被称为"紧密型媒体意见领袖的培育实践"。

本次访谈受到多位专家学者关注，他们的点评被收录进《读端》栏目，进一步提升了整组报道的传播力、引导力、影响力、公信力。比如，中央党校（国家行政学院）经济学教研部教授邹一南评价："（本次访谈）建立了省级党报集团与县委书记直接沟通的桥梁……期待这一活动成为全省乃至全国县委书记学习县域治理的重要读本。"中国人民大学公共管理学院教授、博士生导师马亮评价《对话县委书记的九个维度》："（文章）对于理解县委书记和做好县委书记来说，富有启发。……期待潮新闻通过县委书记访谈，总结浙江省县委书记的普遍规律，发现县委书记的领导特质，共同做好县委书记领导智慧与治理经验的凝炼与推广这份意义重大的工作。"

四、本次访谈的经验启示

本次访谈作为一次全新探索，取得明显成效，也反映出浙江日报报业集团在内容生产、平台传播、技术赋能等方面还有很大提升空间，为推动媒体融合向纵深发展积累了一些经验启示。

一是坚持守正与创新相统一。习近平总书记强调，意识形态工作一定要把围绕中心、服务大局作为基本职责。实践中，主流媒体要始终坚守党媒的初心使命，聚焦主责主业，客观辩证地看待流量，保持应有的政治导向和价值取向。本次访谈的出发点和落脚点，就是循迹溯源讲好总书记故事。同时，基于思路、内容、形式、传播等方面的创新，本次访谈收获良好反馈。"勇于创新者进，善于创造者胜"，新征程上，需要我们坚持以党

的创新理论为指导，大胆运用新技术、新机制、新模式，将媒体融合成果有效运用到正能量、主旋律宣传中，实现创造性转化、创新性发展。

二是坚持价值引领与服务用户相统一。习近平总书记指出，要树立以人民为中心的工作导向，强调"人在哪里，新闻舆论阵地就应该在哪里"。当前，互联网信息严重过剩，但在良莠不齐的信息洪流中，有影响力、传播力、穿透力的高品质内容仍然是稀缺资源。本次访谈践行"走转改"、挖掘一线鲜活故事，运用读者用户喜闻乐见的话语方式呈现内容，依托与优质创作者互动放大传播声量，成功打出一套"组合拳"。新征程上，需要我们坚持价值引领和服务用户相统一，提升拓展宣传报道的思想深度和传播广度，不断满足读者用户对优质内容的需求，不断激发读者用户的积极性创造性，让正能量带来大流量。

三是坚持问题导向与效果验证相统一。习近平总书记指出，目标是奋斗方向，问题是时代声音。面对媒体融合发展时代课题，浙江日报报业集团全方位剖析自身存在问题，系统谋划解决举措。本次访谈既是对前期举措成效的检验，同时也是探索内容生产、平台支撑、技术创新协同发力和整体作战。媒体融合进入2.0阶段，正在进入改革"深水区"、技术"无人区"、创新"试验区"，面临很多新情况、新问题，也会有一些风险与挑战，考验智慧勇气和胆识魄力。在开新局、蹚新路过程中，需要我们坚持自我革命精神，聚焦巩固壮大主流思想舆论遇到的突出问题，深入调研、精准施策、敢于尝试，实现各种媒介资源、生产要素有效整合，在实践中检验融合发展成效，以媒体融合的实效为社会经济发展大局服务助力，在传播新思想、讴歌新时代上谱写新篇章。

原文刊于《新闻战线》2024年第4期（上）

目录

访谈管窥

对话县委书记的九个维度 001
姜军　浙江省新闻工作者协会主席，浙江日报报业集团社长、党委书记
读端 | 邹一南：期待访谈成为学习县域治理的重要读本

对话实录

"世界超市"义乌如何再创新辉煌
义乌市委书记王健：何以成就"世界的义乌"？
读端｜周国辉："妙"在尊重、保护、引导和激发人的积极性、创造性

解开衢江山区县高速发展的密码
衢江区委书记王慧杰："青年衢江"，共邀逐梦
读端｜代玉启：基层蕴含无穷创造力，得青年者得未来

"枫桥经验"发源地诸暨展担当
诸暨市委书记沈志江：新时代"枫桥经验"让美好生活串"珠"成"链"
读端｜张克：诸暨实践三点启示值得关注

"小县大创新"的缙云"解法"
缙云县委书记王正飞：争当"创变者"，勇闯山区发展新路
读端｜刘士林：良好的创新环境让缙云走出发展新路子

浙东运河畔，越城古韵焕新生
越城区委书记徐军：生机涌动大运河，千年古城开新篇
读端｜曾刚：以产业创新提升城市竞争力

嘉善：在"双示范"中勇当示范生
嘉善县委书记江海洋：持续做好"三篇文章"是嘉善高质量发展的"金钥匙"
读端｜胡小武：县域高质量发展的生动样本

安吉：绿色发展，安吉探新路
安吉县委书记杨卫东：让绿水青山成为共富路上的金山银山
读端｜金佩华：以全域乡村运营探索中国式现代化乡村路径

全国首个"镇改市"龙港：改革探路，跨越前行
龙港市委书记何宗静：青春龙港，你一定会爱上这里
读端｜赖先进：期待为同类型区域综合改革提供更多经验

"小县立大志，小城创大业"的仙居故事
仙居县委书记崔波：书写"神仙居"的共富故事
读端｜蔡之兵：推动县域高质量发展有三个"必然前提"

向海图强，舟山普陀势昂扬
舟山普陀区委书记孙志龙：向海图强，兴岛富民，走出海岛特色共富路
读端｜唐亚林：融服务、发展、秩序于一体，激活海岛"一池春水"

余杭：打造杭州城市重要新中心，奋勇争先向未来
余杭区委书记刘颖：浙江"经济第一区"的青春密码
读端｜刘士林：深化完善城市定位，越简洁越有特点越好

慈溪："第一强县（市）"，破题都市圈经济
慈溪市委书记林坚：发力"三大战略"，破题都市圈经济
读端｜汪彬：遵循规律、科学谋划县域经济高质量发展

论点纵横

共同富裕篇 211
探路共富的"组合拳"

经济篇 221
勇挑大梁的"新引擎"

基层治理篇 229
治理基层的"最优解"

科技创新篇 237
力推创新的"快车道"

文旅篇 245
发展文旅的"新密码"

人才篇 253
抢人大战的"真功夫"

兴趣爱好篇 263
工作之余的"动与静"

后记 273

对话县委书记的九个维度

浙江省新闻工作者协会主席，浙江日报报业集团社长、党委书记　姜　军

郡县治，天下安。县域的治理水平对于一个地方的发展，乃至对于国家的长治久安都具有举足轻重的作用。那么，如何看待县域"一把手"这一角色呢？清代河南省内乡县知县高以永曾撰写过一副对联："得一官不荣，失一官不辱，勿道一官无用，地方全靠一官；穿百姓之衣，吃百姓之饭，莫以百姓可欺，自己也是百姓。"作为封建社会的官吏，他对"县官"这个角色的认识还是比较清醒的。

新中国的县委书记当然有更高的担当与追求。县委书记的榜样焦裕禄，带领兰考人民治风沙、战盐碱、除内涝，与病魔抗争，在人民心中矗立起永远的丰碑。习近平总书记指出，做县委书记就要做焦裕禄式的县委书记，始终做到心中有党、心中有民、心中有责、心中有戒。

新时代的县委书记有新气象，更有新作为。此次"潮涌之江·对话县委书记"大型融媒体访谈活动，与浙江11个设区市的12位县委书记对话，要在短时间的访谈中完整探寻他们的"治县秘籍"，是一项艰难的任务。为此，我从习近平总书记重要指示批示和习近平新时代中国特色社会主义思想精神富矿中寻思路、找答案，提前谋划对话的坐标体系，从不同的维度学习与记录县委书记们施展才华的脉络与路径，总结与梳理作为县委书记所应具备的能力与素质。

慈溪明月湖晨光（徐益摄）

第一个维度：接天线

习近平总书记在中央党校第一期县委书记研修班学员座谈会上指出：县委是我们党执政兴国的"一线指挥部"，县委书记就是"一线总指挥"。因此，县委书记"接天线"这一基本功，很大程度上决定了上级决策部署在基层贯彻落实的成效。

要"接"习近平总书记的殷殷嘱托。习近平总书记曾在浙江工作6个年头，足迹遍及全省90个县（市、区），为浙江擘画了"八八战略"宏伟蓝图，党的十八大以来，他先后6次亲临浙江考察指导，多次对浙江工作作出重要指示批示。策划本次访谈活动，"循迹溯源学思想促践行"是重要的出发点和落脚点，如何落实好习近平总书记对浙江、对当地的重要指示批示精神，是每一位县委书记都要回答的问题。

要"接"中央和省委、市委的决策部署。中央和省委、市委的决策部署具有普遍性和指导性，需要县委书记带头领会精神，从中找准方向、定位、机遇、抓手，在县域范围内推动创造性转化、创新性发展，既为大局作贡献，又为本地谋福祉。比如，面对"共同富裕"这个命题，各地都应该结合县域实际交出特色化、本土化的答卷。

要"接"上级明确的底线、红线。县委书记既需要把稳县域发展方向，也需要看准前方"红灯"，保持高度的政治敏感和政治自觉，在实干争先的同时做到令行禁止，作决策时遇到原则问题绝不让步。

第二个维度：谋方位

在中央党校第一期县委书记研修班学员座谈会上，习近平总书记指出，县一级领导要谋几十万、上百万人的改革发展稳定大计。如何做好县域发展文章，重要的一环就是谋好方位，明晰发展方向。

生产与生活共融。城市规划需要融入当地的文化、特色与亮点，将产业发展融入其中，既体现城市的地域风貌，又兼顾产业的发展，因为产业是吸引人才流入的重要方面，环境又是留住人才的重要因素。学校、医院、图书馆等公共设施要同步考虑，因为这是城市基本的功能保障，如此"城市，让生活更美好"。

城市与乡村共生。城市与乡村是"共同体"。要推进城市化，就需要加快改变城市面貌，提升城市吸引力，农业面向城市、农村面向市民，才会焕发生机与活力。乡村要振兴，村庄建设的总体规划设计需要系统性安排,让传统村落形态在新的历史条件下得到传承,让年轻人、城里人、游客等喜欢上美丽乡村。

继承与创新并重。《之江新语》专栏2007年3月23日刊发文章《新官上任要善于"瞻前"、注意"顾后"》。一张蓝图绘到底既不是照单全收,也不是推倒重来。客观地说,县域"一把手"作为县域发展的谋划者,主观上都希望把这个地方发展好,但是受限于历史条件、个人阅历等,对事情的看法会有不同角度。作为继任者,应在调查研究的基础上优化完善,让具体举措更务实。比如,经过几十年的快速发展,县域块状经济发展的

未来科技城(余杭区委宣传部供图)

红利已经得到释放，县委书记必须紧紧盯住"都市圈"经济发展的趋势，主动参与、主动介入、主动发声，在未来发展中占得主动。

第三个维度：强统揽

党的二十大报告鲜明提出：团结就是力量，团结才能胜利。县委书记作为县委班子的"领头羊"，在县委"统揽全局、协调各方"中起着关键性作用。

沟通促信任。书记侧重于"谋"，县长则侧重于"干"，县委书记把握原则问题，一般问题共同协商解决，主动沟通效果良好，信任放权合力增强，推功揽过体现胸怀。

统筹聚合力。县委书记要经常了解人大、政府、政协以及法院、检察院的工作，对工作中表现突出的要及时给予表扬与肯定，对工作中出现的问题要及时指出并提出具体指导意见，班子的凝聚力定会得到加强。

善用提效能。在县里，人大常委会主任、政协主席大多是土生土长的本地干部，对当地县情以及干部的情况较为熟悉，若能将他们的作用发挥好，党委的统揽就会事半功倍。平时主动听取他们的意见建议，共同探讨工作中遇到的困惑、矛盾与问题，决策的民主化、科学化会大为增强，人大、政协工作的积极性也将得到充分发挥。

第四个维度：用干部

习近平总书记在 2013 年全国组织工作会议上指出：治国之要，首在用人。对于县域治理来说，同样如此，需要县委书记知人善任。

过程规范，确保公开公平。推荐干部是使用干部的必经程序。对于关键岗位的干部，县委书记必须亲自过问、亲自把关、反复论证。组织部门根据岗位要求，制定明确的选拔标准和程序，并做好公示与监督，让有能力、有才华的人才得到表现机会，保证干部选拔的科学性和公平性。

重在平时，树立实干导向。对干部及班子的考察应重在平时，广泛听取各方面评价，从群众口碑、班子成员相互评价中可大致得出对干部的基本评价，以实干实绩导向激励干部担当作为。掌握每个优秀干部的个性特征以及工作特点也很重要，一旦有合适时机，可以向上级组织及时推荐干部。

把握规律，促进健康成长。干部成长是有规律的，要把握好节奏，用好方法。比如对年轻干部的培养，既不能轻率地把他们放在矛盾交汇点与集中处，也不能放在责任不大、压力较轻的岗位"蹲苗"，前者可能还未开始施展才能就已被压垮，后者则无法达到锻炼目的。要循序渐进地、适时地给予必要的台阶，促进其健康成长。

第五个维度：善应变

习近平总书记在2021年省部级主要领导干部学习贯彻党的十九届五中全会精神专题研讨班上指出：要全面排查各种社会矛盾，加强分析研判，把握各种潜在风险因素，主动进行防范化解。身处基层一线，各类突发事件和群体性事件等风险的防范处置，是县委书记的必修课。

抓基层、打基础。基层尤其是村级组织，存在诸多矛盾和不稳定因素，治理压力大。遇村级组织换届选举等重要节点，往往也是各类诉求集中表达期，需要及时解惑释疑，化解矛盾。这也是考察乡镇党委书记治理能力的一块试金石。

行动快、措施准。对群体性事件绝不能听之任之，任由其发展，需要县委书记及时研判，厘清事件性质的边界，果断采取措施，切不可优柔寡断，错失处置的最佳时机。

重舆论、善借力。在自媒体高度发达的当下，各项工作都在"全媒体"的聚光灯下。遇有突发事件，处置事件本身的同时，还需保持好与媒体的互动和对接，及时发布有效信息，回应公众关切。在出台重大决策前，也可巧借媒体关注，主动设置议题，把群众的关切引导到相关议题上来，为决策宣传与执行营造良好舆论环境。

第六个维度：作动员

习近平总书记在党的十八届六中全会上指出：加强思想教育和理论武装，是党内政治生活的首要任务，是保证全党步调一致的前提。思想是行动的先导。在作出事关全局的战略决策之后，需要在每一个阶段及时统一

义乌体育会展中心（义乌市委宣传部供图）

全县上下的思想，以形成共识，共同奋斗。而每一次讲话其实就是工作的动员。干部群众的思想统一了，开展工作就有了良好的基础。

善用小道理。理性的梳理是需要的，感性的表达往往更能打动人。如果只是把上级精神照本宣科念一遍，效果肯定打折扣，从当地实际出发的"小道理"更能让上级精神入耳入脑入心，如果能够结合实际讲一些相关的鲜活事例则效果更佳。

紧跟新形势。同样主题的会议，比如每年要开的年度工作大会等，要根据形势的变化确立不同的侧重点，不能老生常谈，而要常谈常新。

讲究方法论。工作动员与学校上课不同，要坚持世界观与方法论的统一，既要有高度、站位，又要结合实际，有方法、目标和要求，让倾听者知道为什么这么做，要实现什么样的目标，怎样才能实现目标，使动员部署具有可操作性。

第七个维度：看作风

从县委书记的作风当中，可以一窥当地的政治生态、社会风气、营商环境以及党在当地群众心目中的形象等。

看团结之风。《之江新语》中《打好"团结牌"》一文指出：在团结问题上，"一把手"更应带好头。一班之长需要与县长共演一台"二人转"的好戏，带头执行民主集中制，既讲原则，也讲团结。同时，重视并善于处理县委与其他班子之间的关系，把几套班子和各级干部的智慧集中起来，做到容人容事。

看务实之风。调查研究是我们党的传家宝，也是做好各项工作的基本功。只有掌握大量一手资料，才能对当地发展优势和成果如数家珍，对当地发展瓶颈和短板了然于胸，对当地发展路径和目标心中有谱。

看担当之风。《之江新语》中《敢于负责、善于负责》一文指出：敢于负责，是领导干部必备的精神状态；还需要有善于负责的本领。县县都有"难念的经"。只有直面基层矛盾纠纷多元化等现实难题，善于从习近平总书记重要指示批示中领悟解题方法，从基层群众首创中谋求改革思路，才能把担当作为之风"吹"到全域，推动当地经济社会高质量发展。

第八个维度：察政绩

习近平总书记在 2023 年考察浙江时指出：树立正确政绩观，坚持立足实际、科学决策，坚持着眼长远、打牢基础，坚持干在实处、务求实效，防止形式主义、官僚主义。对县委书记来说，正确的政绩观至关重要。

有"安吉小瑞士"之称的夏阳村（安吉县委宣传部供图）

明白最重要的政绩是什么。习近平总书记指出：中国共产党把为民办事、为民造福作为最重要的政绩，把为老百姓办了多少好事实事作为检验政绩的重要标准。对照这一要求，县委书记要多做对群众有利的事情，多做让群众满意的事情，不断满足人民群众对美好生活的需求，切实保障人民群众的基本权益。

处理好"显绩"和"潜绩"的关系。《之江新语》中《"潜绩"与"显绩"》一文指出：不求急功近利的"显绩"，创造泽被后人的"潜绩"。"潜"与"显"是对立统一的。一方面，需要县委书记拥有"功成必定有我"的历史担当和"功成不必在我"的精神境界，愿意做打基础、管长远、利全局的事情；另一方面，对县委书记的考核评价应更加科学立体，在看到"显绩"的同时也能看到"潜绩"。

推动高质量发展的政绩导向。党的二十大报告强调，贯彻新发展理念是新时代我国发展壮大的必由之路。县委书记需看清长期趋势，把握经济规律，不以 GDP 论英雄，不被短期经济指标波动所左右，坚持走高质量发展的道路。

第九个维度：听口碑

2015 年，习近平总书记在浙江舟山考察调研中指出：金杯银杯不如老百姓的口碑。听口碑，归根到底就是为人民服务，把群众认不认可作为识别干部的标准，这是由人民的历史主体地位决定的，也是由我们党的宗旨性质决定的。

主动倾听。《之江新语》专栏 2004 年 5 月 24 日刊发文章《面对面做好群众工作》。按此要求，在完善信件、网络、电话等多位一体平台的基础上，县委书记需主动下访接访，深入群众中直接和他们对话，了解群众的心声和呼声，掌握群众的所思、所盼，及时掌握民情民意，建起干群关系的连心桥。

有效回应。群众利益无小事。对群众反映的具体问题，建立有效的解决和流转机制，确保得到有效解决和及时反馈。而对一些共性的诉求和建议，则需要及时梳理、有效论证，在作决策时充分考虑，提升决策的科学性和有效性。

有力引导。在单位评先、干部考核体系中，把群众满意度作为重要标准，以制度的刚性和鲜明的导向，推进职能部门和领导干部把顺应民心作为各项工作的出发点和落脚点。

此外，县委书记还会面临区域竞争、绩效考核、群团工作等诸多问题，期待在与诸位县委书记的访谈中，聆听他们的精彩分享。

读端丨"潮涌之江·对话县委书记"启动
邹一南：期待访谈成为学习县域治理的重要读本

中央党校（国家行政学院）经济学教研部教授邹一南

浙江日报报业集团、潮新闻启动的"潮涌之江·对话县委书记"大型融媒体访谈活动，建立了省级党报集团与县委书记直接沟通的桥梁，既紧扣国家重大发展战略，展开高端阐发，又直面现实问题，深入基层治理，为广大读者全方位了解一个地区经济社会发展进程提供了新渠道、新平台和新内容，期待这一活动成为全省乃至全国县委书记学习县域治理的重要读本。

必须明确，县城是新型城镇化建设的载体，是乡村振兴的动力龙头，县域经济不仅是连接城乡发展的枢纽，也是沟通内外循环、促进开放发展的桥梁。

特别是浙江，县域经济的发展在全国处于领先地位，具有开创性和引领性，是全国县域经济发展的典范。除了义乌的小商品，还有海宁皮革、余姚塑料、嵊州领带、东阳木雕、慈溪小家电等，这些县（市）的特色产业已经成为浙江经济发展的重要支撑。

以县域经济为支点，以点带面撬动整个区域的发展，进而推动草根创新、城乡协调、生态绿色、联动开放、全民共享，为完整、准确、全面贯彻新发展理念提供有力的微观基础，使浙江在各项工作中始终干在实处、走在前列、勇立潮头，为推动高质量发展发挥更大作用、作出更多贡献。

这是浙江的经验，也是未来前进的方向。我们也期盼，在发展县域经济方面，浙江能为全国大局探索更多路子、贡献更多经验。

"世界超市"义乌如何再创新辉煌

扫一扫,看视频

2023年11月,"潮涌之江·对话县委书记"首期访谈由浙江日报报业集团社长、党委书记姜军对话金华市委常委、义乌市委书记王健,双方就"义乌发展经验""国内国际双循环""共同富裕"等话题,循迹溯源,畅谈"世界超市"发展的经验和故事。

问：当下，如何理解"义乌发展经验"的精神内涵？

答：义乌是一座建在市场上的现代化城市。在这里，可以感受浙江发展的活力，可以触摸中国乃至世界经济的脉搏。

义乌既不沿边，又不靠海，且缺乏自然资源，缺乏工业基础，缺乏外资推动，缺乏优惠政策，发展看似"莫名"，其实有"其妙"。

"鸡毛换糖"见证了义乌商户创业初期的艰难，能告诉人们这个"世界小商品之都"是怎么来的。这背后的密码，是打"创新牌"、吃"改革饭"、走"开放路"。义乌尊重群众首创精神，不断推进市场蝶变，建成全球最大的小商品市场；深化国际贸易综合改革和自贸区建设，成为全国改革"试验田"；主动融入共建"一带一路"、国内国际双循环，实现从"买卖全国"到"买卖全球"的跃升。

奋进新征程，义乌将不断丰富"义乌发展经验"的新时代内涵，在"创新深化、改革攻坚、开放提升"3条基本路径上取得新突破，在勇当先行者、谱写新篇章中展现义乌新作为，推动各项工作干在实处、走在前列、勇立潮头，努力在全省乃至全国大局中发挥更大作用、作出更多贡献。

问：把"小商品"汇成"大市场"、撬动"大开放"、形成"大产业"，义乌何以成为融入国内国际双循环的关键节点？

答：谈到开放，就不得不提"义新欧"和"义甬舟"。义乌积极融入国内国际双循环："义新欧"中欧班列向西出境，已累计开通19条线路（编者

注：截至2023年11月1日），发运量位列全国第一方阵；"义甬舟"开放大通道向东出海，连接全球货物吞吐量第一大港宁波舟山港，实现"一次申报、一次查验、一次放行"。义乌还在全球45个国家超过100个城市布局海外仓210个、海外展厅19个，构建了全球贸易服务网络。2022年，义乌出口额逾4300亿元，出口占全国的2%；2023年1—10月，出口额4217.1亿元，同比增长16.9%。

接下来，义乌围绕小商品、大市场、大产业，还将深化新一轮国际贸易综合改革，通过打造内外贸一体化创新中心、小商品"世界贸易中心"、"一带一路"供应链服务中心、产业带升级赋能中心和城市交流合作中心等系列举措，高质量高水平建设"世界小商品之都"，努力再造新的辉煌。

问：义乌如何在共同富裕上先行示范，不断增强人民群众的获得感、幸福感、安全感？

答：义乌积极打造创业创新热土，吸引全世界的客商、青年前来，提升公共服务优质共享，扎实推动共同富裕。目前，义乌市场关联带动全国3200多万人员就业；义乌市场经营主体突破102万，总数占全省1/10，每10人中就有7人是"老板"；城镇居民人均可支配收入连续16年领跑全国县市；所有行政村村集体年经营性收入突破50万元；"十四五"以来，义乌建成投用中小学、幼儿园96所，新增学位5.3万个，有12.5万名随迁子女在义乌实现"有书读、有园上"。

接下来，义乌将按照主题教育"学思想、强党性、重实践、建新功"的总要求，持续放大市场优势，全面实施"扩中""提低"行动，打造全球青年创业创新集聚地。高质量推进全域未来乡村建设，加快发展方式绿色转型，努力绘就"千村引领、万村振兴、全域共富、城乡和美"新画卷。继续擦亮"好学义乌""健康义乌"等品牌，深入实施新时代文化义乌工程，建设更高水平平安义乌。把实现最广泛的高水平民生幸福作为最高追求，把义乌建设成"最具幸福感"的城市。

问：义乌在推进中国式现代化的进程中有哪些优势，又有哪些短板？

答：这实际上又回到习近平总书记讲的 4 句话，"根据实情、发挥优势、扬长补短、再创辉煌"，就是要求我们把优势发挥得更充分。我们义乌最大的优势，是习近平总书记亲自给我们量身定制的战略，从实践逻辑、理论逻辑上，我们只要坚定不移沿着习近平总书记指引的方向奋勇前进，就一定能够赢得未来。第二个优势是市场，我们有全球最大的小商品市场，品类非常齐全。第三个优势是开放，我们有"义新欧""义甬舟"两个开放大通道，海上陆上在义乌交互，口岸基础设施、机构齐全，开放与国际化的程度高。第四个优势是改革。发展出题目，改革做文章，改革创新是我们最大的推动力。第五个优势是我们的发展模式。义乌还有丰厚的文化底蕴，拥有 2000 多年的建县史，历史上名人众多。

谈到短板，第一个是科技创新不足。我们的创新优势是商业模式创新、外观设计创新，但研发大部分是服务外包，特别是一些核心指标如 R&D（研究与开发）经费投入占 GDP 比重，水平还不够高。这一块我们也在努力，引进大学、研究院、龙头企业，扎扎实实做实体经济，创新自然会上去。第二个就是我们的整个产业尚未完全达到高质量发展，以中低端为主，高层次的不多，面大量广的还是中小微企业。这两年我们也在大力抓数字化，通过数字化改造倒逼标准化生产，倒逼生产提质。第三个是社会治理方面，义乌总人口 290 万，常住人口 190 万，人口流动性很大，基层治理压力很大，治理还存在短板。

问：电商刚刚兴起时，对实体店冲击是比较大的。经过这些年的发展，我们惊奇地发现在义乌电商和实体店没有此消彼长，而且是相互促进、共同成长，原因是什么？党委政府做了哪些工作推动两者比翼齐飞？

答：线上最终是数字经济，你的货是要从企业或者说从市场拿的。企业怎么展示商品？这就需要窗口。当时义乌市委、市政府就抓电商产业和物流产业，特别是快递产业，建设特色小镇，让小微电商在里面孵化。义乌的市场公路干线物流通畅，网络健全。政府通过招商引资，把快递龙头企业都集聚起来，这种带动效应，又带动其他电商在这里集聚。

电商也在不断迭代，业态不断更新，社交、团购等业态出来之后，我们出台了一系列扶持政策，把原来一些工业厂房通过政府审批改变用途，变成电商园，给予头部企业优惠。后来又出现跨境电商，我们就专门建设跨境电商产业园，配套跨境物流、仓储。同时在电商培训方面给予支持，把政策环境、政务环境、行业环境、市场环境打造好，让大家到了义乌，感觉这里的创业环境是最好的。

我们这些年增加的市场主体，很大一部分是电商主体。现在义乌市场集聚了26个大类210万种商品，品类非常全。实践证明，线上线下融合，对市场反而有促进作用。

问：习近平总书记曾经提出，县委书记要走遍每一个村。在走村过程中，你印象最深的是哪一件事情？

答：印象最深的就是我到一个村（义亭镇王山顶村），房子拆了"半拉子"，我就问是怎么回事。大家说这个村要旧村改造，但因为要素保障跟不上，拆到中途就停滞了。我当时很震惊，这跟义乌经济社会发展是不匹配的，就让相关部门去梳理类似情况。这个事情是要下决心的，要素保障要跟上去，土地指标要跟上去，取舍之间要运用智慧。2023年，我们拿出了912亩土地指标保障农村居民住宅建设，安置"拆而未安"未建房农户超过6000户。发展最终是为了老百姓的幸福感，是为了共同富裕，不负人民。

问：县级班子建设中，书记和县长的关系很重要。习近平总书记曾经讲过，书记和县长要唱好"将相和"。作为书记，怎样处理好与县长的关系？

答：第一个是要维护党的集中统一领导，要讲规矩，政治规矩要遵守，以身作则；第二个是要一心为公；第三个是多沟通，多交流。

我们都是经过组织考察、挑选的，本身就是参与决策的重要一员，大家目标是一致的，都是为党的事业，没有私心。产生分歧无非是看法不一致或者方法不一致的问题。你这样子去干，我这样子去干，大家沟通哪个是最好的方法。比方要到河对岸，我们可以建一座桥，也可以乘一艘船，还可以游过去，这只是方法的问题。重要的是我们自己不断增强党性纪律——如果规矩不遵守，何谈团结？

【采访手记】

更新了记者证后,我的首个采访任务是对话县委书记。首站选在义乌国际商贸城二区,在过往通道里,在有些嘈杂的背景声中,我开始了与金华市委常委、义乌市委书记王健的对话。

"无中生有""莫名其妙""点石成金"有何深意?小商品、大市场、大产业是怎样的一个发展逻辑?新兴电商与市场商户两者相得益彰、此长彼长的背后藏着怎样的秘密?我们能从谢高华书记的身上学到什么?在推进中国式现代化的进程中,义乌有何优势可以发挥,又有哪些短板要补上?

摇着拨浪鼓,听王健书记娓娓道来。

义乌市委书记王健：
何以成就"世界的义乌"？

潮新闻记者 黄小星 曾杨希 刘 方

"咚咚、咚咚……"2023年11月，一声声清脆的拨浪鼓声，在金华市委常委、义乌市委书记王健的摇动下，回荡在义乌国际商贸城二区。背后，人潮熙攘，商业脉搏在此跳动。电子大屏上，"小商品、大市场，不断再造新的辉煌"的标语格外醒目。

接受浙江日报报业集团社长、党委书记姜军访谈时，围绕义乌近些年的改革经验、商贸传承与发展、共同富裕等话题，王健侃侃而谈。

2023年9月20日，习近平总书记亲临义乌考察调研，深入李祖村、国际商贸城。忆及总书记的殷殷嘱托，王健说，这点燃了义乌全体干部群众干事创业的激情，现在义乌仍沉浸在激动、兴奋、温暖和激扬的氛围里。

"十二字"金名片的精神内涵

2023年9月，习近平总书记第十三次到义乌考察调研。王健的思绪首先被拉回到2006年的盛夏。那年6月8日，习近平同志来到义乌，在城西街道横塘村村委会会议室参加座谈。

有在场的政府工作人员回忆说，当时天热，会议室内更热，但最热烈的是关于"义乌发展经验"的讨论气氛。正是在这次座谈会上，习近平同志指出："我对义乌改革开放以来取得的巨大成绩留下了深刻印象。我还感叹，义乌的发展简直是'莫名其妙'的发展、'无中生有'的发展、'点石成金'的发展。"

义乌这片热土，从来不缺"莫名其妙""无中生有""点石成金"的传奇故事。这十二字，何以成为义乌的金名片？时至今日，我们又当如何理解这十二字的精神内涵？

"这个地方，既不临海也不临边，怎么就变成了全世界的一个贸易中心呢？是因为义乌人做到了'无中生有''莫名其妙'。"2023年9月，在浙江考察时，习近平总书记再次谈起"义乌发展经验"。

王健表示，习近平总书记重要讲话蕴含深邃思想、饱含深刻哲理、富含科学方法。义乌的发展，一个靠改革，一个靠市场，其中市场是决定性因素，不断开放，不断繁荣，通过市场，国内外的要素集中于此，就是

义乌国际商贸城（义乌市委宣传部供图）

"无中生有"的过程。

义乌,既不沿边也不靠海,一个内陆县城,近些年来却"逆袭"成为对外开放前沿高地、全球知名的"世界小商品之都"。王健说,结合"无中生有",深入理解"莫名其妙",其中凭借的更是一种"义乌精神",或者说"浙江精神"——正是敢闯敢试、敢于改革创新的精神,成就了今天的义乌。

王健表示,义乌发展的最大优势,是每到发展的关键时刻,习近平总书记都为义乌把脉定向、指路领航。实践也证明,义乌的市场发展成就,就是始终坚定不移沿着习近平总书记指引的方向奋勇前进的结果。他表示,下一步,义乌将以更大力度推进创新深化、改革攻坚、开放提升,真正把

义乌资料图(义乌市融媒体中心供图)

义乌发展"十二字"经验这张金名片擦得更亮。

一座"小商品之都"的昨天与今天

一声声拨浪鼓，串起了义乌的昨天与今天——

物资匮缺的年代，小商小贩走街串巷，摇着拨浪鼓，用红糖换取居民家中的鸡毛等废品，以获取微利。如今的义乌"货郎"，譬如义乌国际商贸城超过7.5万个商位的商户，已经把"货担"铺到世界上230多个国家和地区。"兴商建市"的义乌，真正意义上实现了"买全球、卖全球"。

王健脱口而出一组数据：2022年，义乌进出口贸易额达4788亿元，较上年增长22.7%；2023年1—9月，义乌进出口贸易额达4321亿元，同比增长22%。

把"小产业"汇成"大市场"，以"小商品"撬动"大开放"，义乌成为融入国内国际双循环的关键节点。王健进一步阐释，所谓"小商品、大市场"，就是不断地打"创新牌"、吃"改革饭"、走"开放路"，从市场化到国际化，让国内国际两大市场循环起来。市场作为发展龙头，带动了产业发展，也带动了城市转型，外国人进来了，国际化程度提高了，不倒逼你不行。

王健同样对另一组数据印象深刻：2023年是"八八战略"实施20周年，回顾20年，义乌的外贸出口占全国比重从1‰提升至2%。

王健说，这离不开一个名字：义乌的老书记谢高华。

2022年，义乌市场建设40周年，义乌竖起一座谢高华的雕像。"改革先锋"谢高华在任上大胆革新，坚决支持农民经商，还当众宣布："开放义乌小商品市场，出了问题我负责，我宁可不要'乌纱帽'！"于是，1982年9月5日，位于城区湖清门的稠城镇小百货市场宣布开放，不少商户流下了激动的热泪。

王健说，从谢高华那一代开始，历届党委、政府坚持"兴商建市"不动摇，一张蓝图绘到底，新的时代，我们要继续弘扬谢高华等老一辈党员干部的精神，要一代一代地传承发扬。

一个"共富样本"背后的 20 年之功

眼下，义乌市李祖村已成为热门旅游地，江南水乡的白墙黛瓦、古朴气韵吸引了不少游客前来游赏。

在王健眼中，旅游产业是富民产业，把地方的农业观光、人文历史、村落文化以及山水形态的优势发挥出来，凭借这些要素来提高百姓收入，这是实现共同富裕的重要一环。

如王健所言，李祖村发挥旅游优势，村民人均年收入达 5.2 万元，成为义乌扎实推进共同富裕的生动样本。

可过去，这座小村曾被称为"水牛角村"，是一座看不到发展希望的穷村庄。蜕变因一项工程而起。

2003 年，浙江启动"千村示范、万村整治"工程。李祖村也着手整治村容村貌。人居环境改善了，李祖村招引来各类创业主体，村中咖啡馆、扎染坊、糖水铺等纷纷涌现，创造了共同富裕新图景。

王健说，不仅是李祖村，通过"千村示范、万村整治"工程，义乌开始发力全域旅游，打造出 10 条美丽乡村精品旅游路线。这些旅游路线串接在一起，可以形成一条 280 千米的精品线路，然后以点、线、面的形式，形成全域旅游的格局。

不仅要搭上"时代快车"，更要面向未来、共同期待。义乌在"十四五"规划和 2035 年远景目标中提出更高目标，要推动全市人民走向共同富裕。

王健认为，实现共同富裕，其中的关键是缩小城乡差距。为此，义乌采取了系列措施，构建了专门的"义乌标准"，以改善提升基础设施和公

义乌金融商务区夜景（义乌市委宣传部供图）

共服务。例如，义乌实施乡镇卫生院基础设施补短板项目和村级卫生服务标准化改造。义乌在所有中心村都建立了卫生室，每个卫生室都配备了医务人员。村民有小病痛，在村里就能看诊。

义乌还主动担当，参与更大范围的共同富裕建设。王健介绍，针对浙江省内山区26县，义乌依托小商品市场优势，免费提供交易平台，展卖当地商品。对于与义乌结对的四川巴州、汶川等地，义乌还推出"共富工坊"模式，让结对地区的百姓在家就能生产、加工商品，再通过义乌市场卖到全国甚至世界各地，由此提高收入。

谈及对未来的考量，王健表示，我们将牢记"一个都不能少"的嘱托，深入践行以人民为中心的发展思想，把实现最广泛的高水平民生幸福作为最高追求，建设"最具幸福感"的城市。

读端丨何以成就"世界的义乌"?
周国辉:"妙"在尊重、保护、引导和激发人的积极性、创造性

第十二届浙江省政协副主席周国辉

报社社长与市县书记共话改革创新,是学习习近平新时代中国特色社会主义思想、总结实践经验、接续奋斗图强的一个很好的载体和形式。从义乌开篇,很有典型意义。

义乌从一个不靠海不沿边的默默无闻的县级市,积45年之功,蝶变为闻名海内外的"世界小商品之都","鸡毛"如何"飞上天"?"莫名其妙",妙在何处?确实值得探究。

依我之见,义乌四十五载,"妙"在持续走了三招胜棋。

一乃改革棋。从"鸡毛换糖"到顺势开办市场,并以贸带工、以贸兴工、以城带乡,一穷二白的县域成为市场活跃、产业兴旺、城乡昌盛之城。

无农不稳、无工不富、无贸不活,义乌人深谙此理。始终坚持市场化改革是义乌取胜之道。

二乃开放棋。卖全球、买全国,义乌集聚了成千上万的世界客商落户兴业,"义新欧"列车成为中国"一带一路"倡议的最佳范例。"世界义乌"名不虚传,妙在始终坚持开放发展。

三乃创新棋。义乌较早认识并拥抱互联网,又从线下市场拓展到线上市场,开疆拓土,大大拓展了市场空间。不仅是业态创新,还利用市场活跃之优势,广聚天下人才和先进技术资源,"无中生有",大力发展高新技术和新兴产业。创新是永葆义乌发展繁荣之秘诀。

义乌的发展历程充分证明,任何时候,人的力量都是创新发展最关键的要素,有了人才能"无中生有""点石成金"。可以说,义乌作为曾经的"莫名"之地,成为世界"知名"之城,"妙"在尊重、保护、引导和激发人的积极性、创造性。

衷心希望义乌坚持"八八战略",发扬"四千精神",在共同富裕的新征程上创造更多奇迹,持续谱写"莫名其妙""无中生有""点石成金"之新篇。

解开衢江山区县高速发展的密码

扫一扫，看视频

本期访谈由姜军对话衢州市衢江区委书记王慧杰，双方就山区发展、项目招引、"青年衢江"等话题展开畅谈，解码衢江速度。

问：衢江区2023年前三季度GDP同比增长14.1%，位居全省县（市、区）前列，衢江区是怎么做到的？

答：第一，得益于省委、市委的坚强领导，火车跑得快，全靠车头带。2023年前三季度全省GDP增速达6.8%，高于全国平均水平。在全省的12项主要经济指标中，衢州有11项的增幅都在全省前五位。正是在良好的发展态势下，衢江区自我加压，紧跟步伐，各项工作才能够取得良好的成绩。

第二，得益于市区一体的协同招商。衢江区和衢州智造新城协同联动开展招商，成功引进了一道新能源、鹏辉等一批重大产业项目，为发展注入了强劲动力。

第三，得益于我们坚持大干项目。2021年底，衢江区开工的塔吊数量是60台，2022年底是117台，而现在已有240台。塔吊林立，项目建设如火如荼。

问：谋项目就是谋未来，抓项目就是抓发展，衢江区抓项目、招引大项目有什么秘诀？

答：一是我们对重大项目实行"1名区领导＋1个招引单位＋N个配合单位"的组团式服务。像智慧冷链物流项目，业主原计划要投资外省省会城市，我们通过对接争取，仅用3个月就实现签约落地。

二是建立了周协调、月例会、季比拼等一整套闭环推进项目机制。我每个月都要专题研究一次5000万元以上项目的推进情况，定期通报批评、约谈提醒推进进度滞后的项目，真正推动项目实现早开工早见效。

三是全方位地保障项目。项目落地最大的制约因素是土地。为了让大项目快速落地，2023年初，衢江区召开的第一个大会就是征迁动员大会。另外，在干部使用中，树立了以实绩论英雄的导向，50%以上的提拔干部来自项目一线，真正把干部的干事热情激发出来。

问：衢江区提出要深化"五城"建设、打造"青年衢江"，这是出于怎样的考虑？

答： 加快城市建设是衢江区跨越发展的必然选择。我们要以枢纽之城、康养之城、活力之城、幸福之城、智治之城"五城"建设为牵引，加快推动衢江城市能级提升，把城市平台打造成衢江区跨越发展的核心增长极。

打造"青年衢江"是"五城"建设的重要保障。当前，区域竞争看起来比的是经济的体量和增量，实质上拼的是人才的数量和质量。全国各地"抢人大战"愈演愈烈，狭路相逢勇者胜。衢江区必须未雨绸缪、主动应对，拿出更大的决心、更开放的姿态、更积极的政策、更贴心的服务，才能够吸引更多青年人来到衢江、扎根衢江，为衢江这座城市注入青春活力，也只有这样，才能在未来的区域竞争中牢牢把握发展主动权。

近期，我们出台了一系列重磅举措，发布了衢江服务青年发展40条举措，举措涵盖了青年就业、创业、生活等方方面面，可以说条条是干货。

问：衢江区山清水秀，是钱塘江的上游，生态环境保护任务很重。衢江区提出"工业立区、工业强区"的战略，在发展工业与生态保护两者之间，鱼与熊掌怎么样做到兼得？

答：我认为这两者其实并不矛盾，我们现在发展工业并不是以破坏环境为代价的，任何涉及环境的项目都有准入的门槛。这一块不光是我们抓得紧，整个浙江省都控制得非常严。"绿水青山就是金山银山"，两者在一定程度上是相互促进的。我们需要大量人口，特别是一些基础性人口来带动旅游相关产业的发展。如果缺少这些基础性人口，有些产业就难以可持续地发展。正是工业发展了，大量外来人口流入，把我们的人口基本盘做大，从而促进旅游相应地发展得更好。

问：衢江区是一个山区县，在推进共同富裕当中，有哪些优势，又有哪些短板，怎样补上这些短板？

答：优势方面，第一个，我们有很好的人文基础，"南孔圣地，衢州有礼"，这是一个优势。第二个，我们有很大的产业空间，土地资源优势。2022年我们把吉利引进来，一次性供地1567亩，像我们这样短时间内快速拿出这么大面积的土地，在省内不多。第三个是产业优势，像新能源，已经形成比较成熟的产业链。第四个是水资源优势，我们的几个主导产业，像新能源新材料，包括特种纸，都需要大量优质水资源作为支撑。第五个是我们的区位优势，"四省通衢"，高铁高速，整个交通体系是比较完善的。我们现在正在打造多式联运枢纽，区位优势会越来越明显。

不足的地方，整个衢州是一个盆地，我们衢江区中间一大块是平原，两边都是山区，区域不平衡，山区老百姓怎么致富，是我们一个很重要的课题。

问：您觉得之前的哪一个岗位对你目前履职县委书记最有帮助？

答：我觉得每一个岗位都会给人带来不一样的体验、历练和提升。我做纪委书记（编者注：曾任温州市龙湾区委常委、纪委书记），感受比较深的就是搞清楚了违纪违法的界限在哪里。我觉得当纪委书记的经历给我打下了很好的基础，让我知道什么事情该拍板，什么事情不该拍板，在尺度的把握上更有底。担任温州市龙湾区委常委、副区长（常务），让我熟悉整个政府的运作。后续担任温州市泰顺县委副书记、县长的岗位，主要是平安稳定这一块怎么兜底，其实是我们往前冲的同时怎样守好底线的问题。

问：在您的经历中，印象最深的突发事件是哪一件？

答：印象最深的就是我刚到衢江区工作，发生了疫情。尽管我们有充足的准备，但还是措手不及，从演习变成实战，最后在省里市里的关心支持下，按照要求在5天内实现社会面清零。这一场攻坚战，我们的干部7天7夜基本没合眼。通过这一仗，我们的干部得到了历练，我们的班子是一个全新的班子，也是一个年轻的班子，这一仗让大家迅速成熟起来。

问：怎么样处理好县委书记和县长的关系，共同唱好"将相和"？

答：我觉得当前的政治生态是非常好的，我在衢江区前后合作了两任区长，我没有花太多的时间去考虑如何处理好书记跟区长之间关系的问题，因为我们有着一个共同的方向，目标一致，共同去推动一个地方的发展。

县长跟书记之间，党政之间是有一种默契的，大家都为了共同的理想去推动当地的发展，这是中央跟各级政府的要求，符合地方发展的需要，也符合干部自身发展的需要。这个体制是很顺的。

问：您业余时间在看什么书？

答：说实在话，我不是一个博览群书的人，我还处于"缺什么补什么"的状态，所以常看一些经济类的、政策类的、现代技术发展类的书。我经常翻看的是《之江新语》。这本书每一篇都很短，可以把我的碎片时间用起来。有时候我们考虑一个事情，思路还不是很清楚，就翻翻《之江新语》，看看习近平总书记当年是怎么讲的，是不是可以给我们更多的指导，把它当成一种工具书，补充营养的书。里面的一些观点、思路、方法非常值得学习，每次看都是温故知新。

【采访手记】

对话县委书记的难处之一，是与县委书记约定的时间往往因为工作原因而不断地调整。与衢州市衢江区委书记王慧杰的对话只能安排在周末了。

有"四省通衢"之称的衢江区2023年以来表现抢眼。2023年1—9月，衢江区GDP增速达14.1%，位居全省县（市、区）第一，又有多个百亿大项目签约落地，作为一个山区县实属不易。衢江山清水秀，区委、区政府提出"工业立区、工业强区"战略，鱼与熊掌能够兼得吗？作为全国现场会考察点的衢江区，实施"千万工程"有何亮点与特色？打造"青年衢江"又有何深意呢？带着这些疑问，我开始了与王慧杰书记的对话。

衢江区委书记王慧杰："青年衢江"，共邀逐梦

潮新闻记者 何 晟 于 山

"潮涌之江·对话县委书记"首期访谈嘉宾是金华市委常委、义乌市委书记王健。回顾义乌40余年来的改革和发展，王健说，有一个名字绕不开：义乌的老书记谢高华。

"衢州有礼"诗画风光带（衢江区委宣传部供图）

20 世纪 80 年代初，正是谢高华在任上大胆革新，拎着"乌纱帽"支持农民经商，才有了小百货市场的诞生和一段中国改革开放史的传奇。被誉为"改革先锋"的谢高华，是衢州市衢江区横路乡人。巧合的是，"潮涌之江·对话县委书记"第二期，受邀接受浙江日报报业集团社长、党委书记姜军访谈的，正是衢州市衢江区委书记王慧杰。

和义乌相比，衢江区或许少了一些明星的光芒，但近年来衢江区经济社会发展的成绩同样引人注目：新近出炉的浙江省经济数据中，衢江区 2023 年前三季度 GDP 增速达 14.1%，位居全省 90 个县（市、区）前列；多项指标位居全省前列，连续 4 个季度获全省投资"赛马"激励……这个山区县，为何能跑出不凡的发展新速度，谱写出加快推进中国式现代化的衢江篇章？

谋项目，就是谋未来

2023 年开春，一个短视频在网上广泛传播，引来颇多点赞。视频中，衢江区各地大大小小的工地上，上百台塔吊往来运转，一派热火朝天的建设场景。

访谈中，王慧杰也提到了塔吊。王慧杰说，有一个数据是要求工作人员每个季度都要报给他这个县区"一把手"的，就是城区塔吊的数量，"2021 年底是 60 台，2022 年底是 117 台，2023 年已经达到 240 台"。

旋转不息的塔吊，矗立在城市天际线的余晖中，别有一种工业时代的美感，是摄影家钟爱的题材。但王慧杰关注它们，是因为每台塔吊都是一个缩影，都有一个故事，所有故事汇聚起来就是问题——"衢江速度，因何而来"的答案。

"衢江区的成绩，得益于在省、市良好发展态势下的自我加压、紧跟步伐，得益于与衢州智造新城的协同联动、一体招商，更得益于坚持大干项目，自始至终把项目作为各项工作的主抓手、硬支撑，以一个个项目构建起抓经济、促发展的矩阵和基本盘。"王慧杰介绍，2023 年以来，衢江区已招引亿元以上项目 37 个，其中 100 亿元以上项目 4 个，50 亿元以上项目 1 个，10 亿元以上项目 11 个。衢江区成功引进一道新能源、鹏辉等一批重大产业项目，为区域发展引来了源头活水，注入了强劲动力。

谋项目就是谋未来，抓项目就是抓发展。说起衢江区招商引资的拼劲和诚意，有一个生动的案例：衢江区智慧冷链物流项目，业主是在全国排名前三的肉类进口商，"他原本是计划投资到外省的省会城市的，我们得知信息之后，就主动对接争取"。王慧杰说，通过组团式服务机制主动靠前对接，仅 3 个月时间就实现项目签约落地，扎根衢江。

王慧杰所说的组团式服务机制，正是衢江区招商精准发力的举措之一。对每条重大项目线索，衢江区都实行"1 名区领导 +1 个招引单位 +N 个配合单位"的组团式服务机制。谈判中，对合理合规的诉求，牵头领导直接拍板；对双方存在顾虑的，以对赌形式进行约束。通过高效服务，让一个又一个企业"想投、敢投、放心投"，一大批项目实现当年谈判、当年签约、当年落地、当年动工。

整村经营，让村民在"家门口"捧上"金饭碗"

2023 年 10 月，全国学习运用"千万工程"经验现场推进会在浙江举行，衢江区高家镇盈川村入选考察节点。秀丽明快的风光、干净整洁的村貌、错落有致的民宿、笑意盈盈的百姓……村美、人和、业兴、民富的景象给与会代表们留下了深刻的印象。

盈川村拥有 1300 多年建村史。唐朝武则天执政时在此设盈川县，首任县令就是写下"宁为百夫长，胜作一书生"的诗人杨炯，"初唐四杰"之一。王慧杰说，虽然盈川村有着深厚的文化底蕴、秀丽的自然风光，但

汉服秀成为盈川村中的一道风景（衢江区委宣传部供图）

过去一直缺少规划，也没有项目，找不到发展的方向。

2022年6月，盈川村以未来乡村试点创建为契机，探索整村经营的模式，统一收储闲置资源，整体规划、开发、招商、运营。通过"村集体＋运营主体＋农户"的模式，统一租赁流转，盘活闲置资源，提供就业岗位，将富余劳动力转化为"富裕新动力"，让闲房变民宿、闲人变管家、闲田变园区，最终让宾客"闹盈盈"、群众"喜盈盈"、口袋"满盈盈"，把美丽风光转化为美丽经济。

"整治下来，效果非常好。现在的盈川村成了远近知名的热门景点，每天游客都络绎不绝。"王慧杰的介绍中带着一份自豪，"村里 100 多间民宿客房几乎每天客满，无论是工作日还是休息天。"

王慧杰所言非虚。2023 年 10 月 10 日，潮新闻记者曾慕名来到盈川村，不出意外地遭遇了"住宿难"：全村 102 间民宿客房全部爆满，最后只得向农户借了一间空房。

2023 年以来，盈川村累计接待游客超过 35 万人次，带动旅游业收入增长近 1000 万元，村集体增收近 100 万元。王慧杰介绍，像这样推行整村经营的村集体，衢江全区已有 20 个，累计带动村集体增收 7000 多万元，让 1400 多户农户尝到了甜头。

推动年轻的衢江和衢江的青年双向奔赴、互相成就、共同发展

近年来，国内越来越多的城市掀起"抢人大战"，"你方唱罢我登场"，各项优惠政策令人眼花缭乱。一轮轮的"抢人大战"，实际上是城市间一场关于未来的竞争。

作为高速发展的地区，衢江区自然不甘置身事外。2023 年 8 月举行的衢江区委十四届五次全会，提出了深化"五城"建设、打造"青年衢江"的课题，号召广大干部群众大力推动青年发展型城市建设，推动年轻的衢江和衢江的青年双向奔赴、互相成就、共同发展。

"五城"，指的是近年来衢江区一直聚力的枢纽之城、康养之城、活力之城、幸福之城、智治之城建设。王慧杰说，他始终认为，加快城市建设是衢江区必须迈过去的坎。"每个地方的发展，至少从目前来看，离不开工业化、城市化的'两轮'驱动。从衢江区的实际情况来看，城市化是相对落后的，2022 年城镇化率仅为 47.3%，在全省处于末位。"王慧杰说，

"青年衢江"，扬帆起航（衢江区委宣传部供图）

"对于衢江来说，加快城市发展既是补短板，更是抢抓机遇、跨越发展的战略方向。因此，我们提出通过'五城'建设这一战略牵引，把城市能级提升起来，把城市平台打造成衢江跨越发展的核心增长极。"

"青年衢江"，是推进"五城"建设的重要保障。王慧杰说，区域竞争看起来比的是经济的体量和增量，背后拼的是人才的数量和质量。"在全国各大城市都放低身段，拿出'真金白银'吸引青年的形势下，我们必须拿出更大的决心、更开放的姿态、更积极的政策、更贴心的服务，才能吸引更多青年来到衢江、扎根衢江，为这座城市注入青春活力，也只有这样，才能在未来牢牢把握发展主动权。"

建设"青年衢江"，行动见真章。为了给广大青年提供全方位、全周期的服务，衢江区连续推出一系列相关举措，发布了衢江服务青年发展40条。与此同时，一批重要城市配套项目在衢江陆续开建，成为青年发展型城市的基石；衢江区不断加大人才招引力度，为优秀的人才提供更多的机遇和福利，2020—2023年，衢江区共引进青年大学生1.41万人，其中硕士和博士347人，为"青年衢江"建设注入源头活水……

未来属于青年，更属于青年中的奋斗者。王慧杰说："这里也借浙江日报这个大平台向全国的青年朋友发出诚挚邀请，欢迎大家来衢江就业创业、安家落户，你们的小孩就是我们的小孩，你们的父母就是我们的父母，你们就是我们衢江最大的财富，我们将以最大诚意，为广大青年朋友提供最优的政策、最优的环境、最优的服务，让大家在衢江追逐青春梦想，点燃青春激情，实现青春价值！"

读端丨衢江速度的密码是什么？
代玉启：基层蕴含无穷创造力，得青年者得未来

浙江大学马克思主义学院副院长、教授、博士生导师代玉启

衢江速度的密码是什么？基层蕴含着无穷的创造力。

衢江近年来之所以取得经济、社会等方面可圈可点的成绩，2023年前三季度GDP增速达14.1%，原因是多方面的。

我认为以下两点尤其值得关注：

系统化抓落实。一打纲领比不上一步行动。蓝图和计划确定后，关键在于狠抓落实、系统地抓落实。衢江建立周协调、月例会、季比拼等一整套闭环推进项目机制，是将项目由远景图变为施工图、由理念变为现实的有效抓手。对重大项目，衢江实行"1名区领导+1个招引单位+N个配合单位"组团式服务。这体现了系统思维，只有综合治理、协同发力，才能克服单个单位、单个人的思维和行动局限性。

得青年者得未来。人才的数量和质量是区域竞争的核心竞争力。青年净流入量,是城市青春活力的显性指标。近年来,不少城市提出建设"青年发展型城市",聚焦引才育才。衢江明确提出打造"青年衢江"的响亮口号,推出服务青年发展40条,为青年人提供更加优惠的政策和服务,已经且必将吸引更多青年人扎根衢江,值得称赞。

"枫桥经验"发源地诸暨展担当

扫一扫,看视频

本期访谈由姜军对话绍兴市委常委、诸暨市委书记沈志江,双方就新时代"枫桥经验"、都市经济、共同富裕等话题,循迹溯源,畅谈诸暨发展的经验和故事。

问：您认为新时代"枫桥经验""新"在哪里？当前诸暨在基层治理方面有哪些新经验？

答：新时代"枫桥经验"之所以历久弥新，关键就是它始终在发展、不断在创新、一直在变化。中国特色社会主义进入新时代，"枫桥经验"也进入了新时代，这个"新"我认为主要体现在 4 个方面：一是治理理念向"新"转变，从过去的以管理为主，到现在的管理与服务并重。我们提出"服务也是治理"的理念，寓管理于服务，在管理中体现服务、在服务中实施管理，确保政府治理与社会自我调节、居民自治良性互动。二是治理领域向"新"拓展，从开始的以农村为主，向农村和城市共治转变。习近平总书记说，"枫桥经验"不仅适用于农村，而且适用于城市。最近几年我们更多地关注城市社区治理，创新打造了新时代"枫桥经验"城市版，形成了城乡二元共治的局面。三是治理力量向"新"提质，从以往的以政府为主，到现在政府、社会、群众协同共治。我们充分尊重人民群众参与社会治理的热情，充分发挥社会组织在社会治理中的独特作用，探索走出新时代群众路线的新途径。四是治理方式向"新"迭代，从线下往线上，从实体空间到虚拟空间。我们坚持"人力和科技相统一"，"大脚板"和"大数据"相结合，高效运行"浙里兴村治社""矛调枫桥经验"等前端应用，迭代优化"141"基层治理体系，让基层社会治理的效率更高、成效更好。

随着改革开放不断深入，社会经济快速发展，触及社会深层次的矛盾问题日益增多。诸暨将始终以新时代"枫桥经验"为引领，牢记总书记嘱托、扛起发源地担当，全面把握"群众唱主角、干部来引导、德法加智治、有事当地了"的实践特征，坚持"抓早抓小抓基层、法治德治促自治、共建共享奔共富"，迭代升级"一站式、一码管"综合解纷工作法，全面落实领导干部定期接访、约访、下访机制，构建"信访打头、调解优先、诉讼断后"的递进式矛盾纠纷分层解决闭环，最大限度把各类矛盾纠纷防范在源头、化解在基层，奋力开创"'枫桥经验'出诸暨、基层治理看诸暨"的生动局面。

问：诸暨如何将经济高质量发展同社会全面进步紧密结合，不断增强人民群众的获得感、幸福感、安全感？

答：社会和谐和睦既是共同富裕的重要内容，又是共同富裕的关键支撑。如何发挥"枫桥经验"发源地的应有作用、展现示范担当，关键是要把握好三对关系。

具体来讲，一是把握好发展和安全的关系。诸暨提出要率先建成平安中国先行示范区，就是在发展和安全、富民和安民的动态关系中，不断加强应对风险社会的机制和能力建设，有效防范化解各类风险挑战，着力构建舒心、安心、放心的社会环境。二是把握好共治和共享的关系。共治解决的是社会治理"依靠谁"的问题，社会治理不仅是党委和政府的责任，而且是社会各方的责任。共享解决的是社会治理"为了谁"的问题，通过社会治理实现社会治理成果共同享有，提升人民群众的获得感、幸福感、安全感。三是把握好"富口袋"与"富脑袋"的关系。"富口袋"方面，持续深化"扩中提低"改革，扎实推进居民收入和中等收入群体"双倍增"计划，培育壮大次坞打面、西施石笕、枫桥香榧、同山烧等"一乡一品"。"富脑袋"方面，以精神文明高地首批试点为引领，深入开展"浙江有礼·'枫'尚诸暨"文明新实践，全面提升"关爱基金、爱心食堂、全城志愿、移风易俗"运行质效，常态化办好"村BA"等文体赛事，让文明成为诸暨最鲜明的城市标志。

问：从县域块状经济的转型发展到融入都市经济圈，诸暨有何举措？

答： 杭绍同城，是诸暨从县域经济向都市经济发展，从块状经济为主向高质量发展转型的关键一招。我们将紧扣绍兴市委赋予的"打造杭绍都市区金南翼，新质生产力先发地"新定位新使命，坚持"跳出诸暨发展诸暨、立足全局发展诸暨"，"借船出海、借梯登高"，努力成为融杭接沪战略支点，全面提升发展的内生驱动力。产业方面，我们深入实施"229"产业提升行动，致力打造袜业、珍珠2张产业金名片，大力培育智能视觉、航空航天2条具有国际竞争力的产业链，形成9个国内有竞争力和知名度的产业集群，不断塑造县域发展新动能新优势。交通方面，力促杭诸市域铁路尽快启动，提速建设柯诸高速、G235国道诸暨段，形成高效衔接杭州城轨系统的通勤轨道，构建杭诸1小时交通圈，满足日益增长的杭诸通勤需求。

问：作为县委书记，怎么样处理好继承与发展的关系，一任接着一任干？

答： 继承与发展是相辅相成、相互促进的，两者实际上就是怎么样做好存量优化和增量引进的问题，这其中的关键就是坚持一张蓝图绘到底，一任接着一任干，不断地继承，不断地创新。最近全国各地的县委书记到诸暨来参观学习，大家看了枫桥的枫源村之后感受都很好，说这就叫美丽乡村，这也是我们正确处理继承和发展的关系、一任接着一任干的一个很好的案例。一方面，我们坚持就地取材、因地制宜，最大限度地保留、继承老底子的特色，让农村像农村，让人们能看到乡愁。另一方面，我们也加入了很多创新的元素。比如怎么样让老百姓更富裕，我们搞产业，大力发展"一乡一品"，培育壮大"村播带货"、生态康养等新业态，让"钱袋子"鼓起来。再比如怎么样让老百姓有更好的精神状态，我们搞文化，纵深推进精神文明高地试点建设，扎实做好关爱基金、爱心食堂提质扩面等工作，让大家的获得感更强。当然，在继承与发展当中，也会遇到很多困难和挑战，在一筹莫展的时候，多跟老百姓交流，组织群众、发动群众、依靠群众、关心群众，就会越干越有劲头，越干越欣喜，这也是把"枫桥经验"坚持好、发展好，把党的群众路线坚持好、贯彻好的题中应有之义。

问：2023年是浙江实施"千村示范、万村整治"工程20周年，诸暨在推进这项工程中，有哪些特色与亮点？

答：第一个是以和谐善治为底色。我们认为善治是"千万工程"推进中的必要前提，如果缺乏良好的乡村治理，新农村好农村是实现不了的。作为"枫桥经验"的发源地，我们牢固树立"大抓基层"鲜明导向，下大力气夯实乡村治理基础、提高乡村善治水平，真正让农村既充满活力又稳定有序。第二个是以文化工程为引领。诸暨的不少乡村都很富裕，物质条件很好，但如果村民的思想是空洞苍白的，也走不远走不好。我们坚持"富口袋"与"富脑袋"并重，深入实施"浙江有礼·'枫'尚诸暨"文明新实践，加快推动"关爱基金、爱心食堂、全城志愿、移风易俗"四大场景在农村覆盖延伸，使农村更具人文气息、更富人文色彩。第三个是以"一村一策"为抓手。诸暨跟其他城市不一样，四周是山，是农村，中间是盆地，是城市。不同区域的乡村在自然资源、地形地貌、乡风习俗上有一些差异，但是都有各自的特色与味道。我们坚持就地取材、因地制宜，从实际出发，"一村一策""一村一品""一村一韵"进行差异化打造，不断提升"千万工程"的品质内涵，让每个乡村都能找到适合自己的"最优解"，实现各美其美、美美与共。

问：诸暨在共同富裕示范区建设中有哪些优势？

答：一方面是"枫桥经验"的治理优势，我们坚持"预防在前、调解优先、运用法治、就地解决"，进一步提升矛盾纠纷预防化解法治化水平，蝉联了全国信访工作示范县，捧回了首批"二星平安金鼎"，平安诸暨的成色越来越足。通过组织群众、发动群众、依靠群众、关心群众，不断推进基层组织建强、基层力量聚合、基层广泛参与，形成了"共建共享奔共富"的生动局面。另一方面是精神文明高地试点的先行优势，我们统筹抓好"富口袋"和"富脑袋"，将"关爱基金、爱心食堂、全城志愿、移风易俗"有机结合起来。比如爱心食堂解决了农村居家养老的关键问题，"村BA"通过体育运动将全村人的凝聚力激发出来，这些工作都得到了广大老百姓的肯定与称赞，提升了人民群众的获得感、幸福感。

问：能不能分享一件印象最深的突发事件？

答：我印象最深的是2021年台风"烟花"。"烟花"登陆之前，诸暨的浦阳江、枫桥江水位都超过历史最高纪录48小时。凌晨3点，我向绍兴市委市政府、浙江省委省政府报告，计划采取两个办法：第一个是做好现场维护。我们充分发动老百姓，每 100 米配 2 个人巡堤，把自己"家门口"管住，有什么突发状况，及时向指挥部报告。同时诸暨市四套班子领导分别到乡镇值守，更好地把信息反馈上来。第二个就是科学泄洪排涝。当时高湖蓄滞洪区还没完全建好，按照十年一遇的概率，万一碰到特大暴雨台风，要做好随时启用的准备。后来凌晨 5 点我们作出决策，把高湖蓄滞洪区打开。我们一手管住现场，一手科学泄洪，两大措施下去，安然克服了历史上最大的防汛压力挑战。后来我复盘了这一突发事件，有两点心得：一是要坚持和发展"枫桥经验"，充分发动老百姓，汇聚起广大人民群众的力量；二是要科学应对这种突发事件，保持底线思维和极限思维，做好充分的准备。

问：您认为哪个岗位对担任县委书记帮助最大？

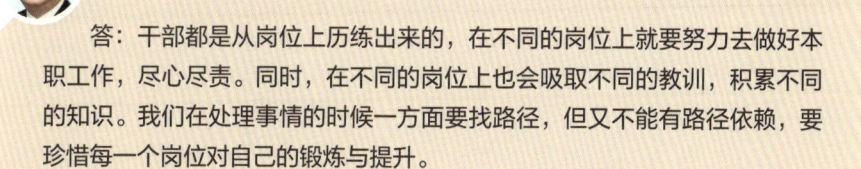

答： 干部都是从岗位上历练出来的，在不同的岗位上就要努力去做好本职工作，尽心尽责。同时，在不同的岗位上也会吸取不同的教训，积累不同的知识。我们在处理事情的时候一方面要找路径，但又不能有路径依赖，要珍惜每一个岗位对自己的锻炼与提升。

问：如果我要去诸暨，您给我推荐什么样的旅游线路和美食？

答：诸暨整座城就是一个景区，城在景中，景在城中。美食，我推荐诸暨的次坞打面。景区，西施故里、五泄等都是知名度、辨识度很高的，都值得来游玩打卡。

【采访手记】

　　气温骤降。在与绍兴市委常委、诸暨市委书记沈志江对话时，我们相约戴了条领带。

　　对话从诸暨人的文化性格开始聊起，诸暨人直爽刚烈、仗义慷慨，只要思想统一了，干起工作来雷厉风行、说到做到。沈志江书记介绍，"枫桥经验"经历了从社会管制、社会管理到社会治理等不同历史时期，历经60年而历久弥新的原因是在实践中不断地创新发展。在新的历史阶段，"枫桥经验"有着新的内涵，它不仅是化解家长里短矛盾的方式，更是基层治理体系与治理能力现代化的体现，它与高质量发展和共同富裕建设密切相关。

　　我们又聊起诸暨的区域优势与短板，聊有关块状经济的转型与都市经济的发展……

　　不知不觉，临近中午，太阳透出云层，周日正午的阳光正好。

诸暨市委书记沈志江：
新时代"枫桥经验"让美好生活串"珠"成"链"

潮新闻记者 黄云灵 干婧 见习记者 毛艺蓉

"11月6日，纪念毛泽东同志批示学习推广'枫桥经验'60周年暨习近平总书记指示坚持发展'枫桥经验'20周年大会在北京召开，我们与会的所有人员，特别是基层代表，都倍感振奋。"谈及大会当天的点滴细节，绍兴市委常委、诸暨市委书记沈志江难掩激情，"我们在坚持和发展新时代'枫桥经验'中信心更足了。"

2023年11月，与浙江日报报业集团社长、党委书记姜军对话时，沈志江从坚持好、发展好新时代"枫桥经验"出发，围绕把制度优势转化为治理效能、以治理有效推动高质量发展有力、探索文明共富新路径等话题，

诸暨市区（诸暨市委宣传部供图）

畅谈诸暨发展经验和蓝图。

"枫桥经验"：跨越一甲子仍历久弥新

2023年11月6日，习近平总书记在北京人民大会堂亲切会见全国"枫桥式工作法"入选单位代表。在104个"枫桥式工作法"单位中，诸暨市委政法委捧回了沉甸甸的奖牌。"这是一份荣誉，更是一份激励，引领广大干部群众继续坚持好、发展好新时代'枫桥经验'。"沈志江说。

20世纪60年代，诸暨枫桥干部群众创造了"发动和依靠群众，坚持矛盾不上交，就地解决，实现捕人少、治安好"的基层社会治理经验。1963年，毛泽东同志亲笔批示："要各地仿效，经过试点，推广去做。"

"枫桥经验"由此诞生并推向全国。

2003年，时任浙江省委书记习近平同志要求，充分珍惜"枫桥经验"，大力推广"枫桥经验"，不断创新"枫桥经验"。

20年来，习近平总书记多次就"枫桥经验"作出重要指示。"坚持和发展新时代'枫桥经验'"，还写入党的第三个历史决议和党的二十大报告。

2023年9月20日，习近平总书记来到枫桥镇，参观枫桥经验陈列馆，了解新时代"枫桥经验"的生动实践。习近平总书记再次强调，要坚持好、发展好新时代"枫桥经验"，坚持党的群众路线，正确处理人民内部矛盾，紧紧依靠人民群众，把问题解决在基层、化解在萌芽状态。

从社会管制到社会管理，再到社会治理，"枫桥经验"一路走来，展现出历久弥新的魅力。60年来，"枫桥经验"不仅化解了众多家长里短的"小矛盾"，在解决高质量发展面临的深层次"大矛盾"上也发挥着积极作用；它带来的不仅是社会和谐稳定的"小平安"，还有经济发展与群众安居乐业良性互动的"大平安"。

"枫桥经验"之所以历久弥新，关键就是它始终在发展、不断在创新、一直在变化。新时代"枫桥经验"的"新"体现在哪里？沈志江有自己的理解：

治理领域向"新"拓展，新时代"枫桥经验"通过不断创新实践，已经从农村拓展到城市、社区、网络等不同空间；

治理方式向"新"迭代，从线下往线上，从实体空间到虚拟空间，"浙里兴村治社""网络安全智治"等一系列数字化应用，大大提高了基层社会治理的效率；

治理力量向"新"提质，充分发挥新时代"枫桥经验"多元共治特性，不光是政府，还有社会组织、社会力量，一起来推进新时代"枫桥经验"，全力打造人人有责、人人尽责、人人享有的社会治理共同体。

诸暨也将始终以新时代"枫桥经验"为引领，最大限度把各类矛盾纠纷防范在源头、化解在基层。

从珍珠看增速

"一号链接，天然无核淡水珠，可以放心大胆带回家上身感受！""又加了两单，数量告急，喜欢的姐姐们拼手速了。"2023年"双11"，位于诸暨山下湖的华东国际珠宝城成绩斐然。与平时相比，珍珠线上单量提高了20%，与2022年同期相比，订单增长超过10%。

诸暨是"中国珍珠之都"，其淡水珍珠年产量占全世界淡水珍珠的70%，占全国的80%。2022年珍珠产品销售额超过400亿元。2023年上半年，珍珠产业交易额同比增长57.1%。

作为一个典型的传统产业，诸暨珍珠在低迷的全球经济形势下逆势上行，既得益于当下珍珠市场的火热，又得益于诸暨珍珠产业自身的厚积转型，形成了第一、二、三产业融合发展，线上线下协同发力的崭新格局，实现了珍珠由"珠"到"宝"的蝶变。

直播监管是诸暨探索基层治理新方式，不断化解阻碍经济发展和社会稳定的矛盾纠纷、营造良好发展环境的一个缩影。

沈志江在对话中还谈到一个细节：现如今，诸暨每天有3000个珍珠直播间在直播，产业轰轰烈烈前行的同时，也滋生出监管问题，"我们推出了一个直播监管应用，可以全天候无感监测直播行为"。该应用的推出，使得直播违法违规发生率降至5%以下。

火热的珍珠产业，只是诸暨整体高速发展的亮点之一。

"我们出台了制造强市'229'计划，通过传统产业的改造提升和新兴产业的引进培育两手抓，不断塑造县域发展新动能新优势。"沈志江说，"229"计划中，第一个"2"指珍珠和袜业，第二个"2"指智能视觉及航空航天，"9"则指九大有竞争力和知名度的产业集群。

据诸暨市统计局数据，2023年前三季度，诸暨全市实现地区生产总值1248.14亿元，按可比价格计算，同比增长7.6%，增速高于浙江全省1.3个百分点。

"富口袋"加"富脑袋"

2023年6月18日晚，诸暨暨阳体育中心座无虚席，人人翘首等待一场巅峰对决。诸暨市大唐街道杭金七村队和陶朱街道城山社区队两支"草根球队"，将争夺诸暨"村BA"总决赛冠军。

热爱篮球的沈志江对这场比赛也格外关注。"决赛之前，村里说比赛太火爆，场地承受不了，我说那就到CBA（中国职业篮球联赛）总决赛举办的地方——暨阳体育中心去。"沈志江回忆，大家都抢着要去体育馆，怎么办？卖票——18元、28元，最贵的88元，短短两天，门票就被一抢而空。而源自"村BA"的门票收入，又全数捐给了关爱基金，反哺农村。

文化礼堂戏剧表演（诸暨市委宣传部供图）

据介绍，关爱基金其中一个用途，即为村社爱心食堂提供支持。在诸暨，服务老人居家养老就餐的爱心食堂全面落地开花。截至2023年底，爱心食堂已建成245家，覆盖348个村社，1.2万余名老人因此受益。

2021年，中央提出支持浙江高质量发展建设共同富裕示范区。同年，诸暨入选打造精神文明高地首批试点。在全省上下都在抓的"共同富裕"中，如何体现诸暨的辨识度？沈志江想得明白：还是要从"枫桥经验"上做文章、找突破。具体来看，要把握好三对关系：发展和安全、共治和共享、"富口袋"与"富脑袋"。

拿"富口袋"与"富脑袋"来说：

"富口袋"，次坞打面、西施石笕、枫桥香榧、同山烧……诸暨的每个乡镇都有自己的拳头农产品，农村人均可支配收入居全国县（市）首位；

"富脑袋"，以精神文明高地首批试点为引领，诸暨开展"浙江有礼·'枫'尚诸暨"文明新实践，全面提升"关爱基金、爱心食堂、全城志愿、移风易俗"四大场景运行质效，常态化办好"村BA"等文体赛事，让文明成为诸暨最鲜明的城市标志。

"'村BA'也好，爱心食堂也好，我们组织群众、发动群众、依靠群

诸暨枫源村（王灵杰摄）

众、关心群众，让群众了解这个事情的好处，让群众明白，共同富裕光'富口袋'是不够的，还要'富脑袋'。"沈志江说。

对诸暨来说，"枫桥经验"发源地、珍珠之都、袜业之都的金字招牌一直在闪闪发光，而以新时代"枫桥经验"为引领，从基层善治到产业发展再到共同富裕的内在循环，正让诸暨展现出更加蓬勃的生命力。

读端｜"枫桥经验"何以长青？
张克：诸暨实践三点启示值得关注

中共中央党校（国家行政学院）公共管理教研部副教授张克

党的二十大报告提出，在社会基层坚持和发展新时代"枫桥经验"，完善正确处理新形势下人民内部矛盾机制。2023年是毛泽东同志批示学习推广"枫桥经验"60周年，也是习近平总书记指示坚持和发展"枫桥经验"20周年。

如何坚持好、发展好新时代"枫桥经验"？诸暨市作为"枫桥经验"的发源地，通过基层善治推动新时代县域发展，为基层治理体系和治理能力现代化提供了典型样本。诸暨市县域治理实践有三点启示值得关注：

用好党建引领基层治理关键法宝。"枫桥经验"创造了著名的"四前工作法"：组织建设走在工作前，预测工作走在预防前，预防工作走在调解前，调解工作走在激化前。新时代党建引领基层治理，关键是要坚持党的群众路线，增强政治领导力、思想引领力、群众组织力、社会号召力，把基层党组织建设成为有效实现党的领导的坚强战斗堡垒。

统筹好发展和安全两件大事。推动县域经济、社会高质量发展，处理好发展和安全的关系尤为重要。发展和安全密不可分、相辅相成，着眼于长治久安的发展，是社会稳定的重要源泉，是改善民生的根本保证。诸暨市不断完善正确处理新形势下人民内部矛盾机制，紧紧依靠人民群众，把问题解决在基层、化解在萌芽状态，依法维护社会大局稳定，以新安全格局护航新发展格局。

打造共建共治共享新格局。社会治理不只是党委和政府的责任，也是社会各界的共同责任，要构建党委领导、政府负责、民主协商、社会协同、公众参与、法治保障、科技支撑的社会治理体系，处理好政府与市场关系、政府与社会关系，实现政府治理和社会调节、居民自治良性互动。以"共治"思维提升社会协同治理能力，形成多元主体通力合作、良性互动，共建治理平台、共担社会责任、共享治理成果的基层治理新格局。

"小县大创新"的缙云"解法"

扫一扫，看视频

本期访谈由姜军对话丽水市缙云县委书记王正飞，双方就"科技创新""文化传承""共同富裕"等话题，循迹溯源，畅谈"小县大创新"的故事和经验。

问：缙云实现了夺鼎的"大满贯",尤其是连续两年夺得全省代表科技创新最高水平的科技创新鼎,这是怎么做到的?

答：缙云作为山区26县之一,生态是最亮的底色,也是最大的资本。创新,是基于高质量发展底层逻辑的活力和动力之源,也是"八八战略"的重要内容。欠发达地区要加快发展,只有比别人跑得更快。

立足县域发展实际,缙云强力推进创新深化、改革攻坚、开放提升,积极探索富有山区特色的"小县大创新"发展路径。

首先,大抓创新理念的养成。创新不仅是技术的革命、产业的革命,从根本上来说是理念的革命,全县上下牢固树立"山区县也能搞创新,加快发展更需搞创新"的理念。

其次,大抓创新生态的优化。缙云系统布局县内县外两个"3+N"创新动力体系,已建和在建的企业孵化及科创空间面积近100万平方米,着力构建覆盖"基础研究+技术攻关+成果转化+科技金融+人才支撑"的全过程创新生态链,创新环境指数连续三年居全省前十、山区26县第一。

最后,大抓创新主体的培育。缙云在全省率先开展企业"创新论英雄"绩效评价,形成企业不仅"比规模、比利润",更"比设备、比研发",你追我赶的良好氛围,县本级财政科技拨款从2018年的0.42亿元上升至2022年的1.89亿元,年均增长45.65%。

缙云夺得大禹鼎、平安鼎、科技创新鼎、浙江制造天工鼎、神农鼎,实现"鼎鼎有名",代表着缙云发展的成效和质量,更是缙云未来发展的底气,将激励鞭策缙云以更大的力度、更创新的思维来推动发展。

问：缙云是全国唯一以人文始祖轩辕黄帝名号命名的县,在推进中国式现代化新征程中,如何传承弘扬好黄帝文化?

答：黄帝文化是中华优秀传统文化的重要组成部分，缙云仙都祭祀轩辕黄帝始于东晋，兴于唐、宋、元，延绵至今，有1600多年的历史。

缙云充分挖掘黄帝文化的精神内涵和时代价值，实施黄帝文化解码、精品、浸润、展示、传播、转化、数智、筑基等传承和弘扬黄帝文化"八大工程"，与全国各地11家单位结成黄帝文化联盟，注册成立黄帝文化书院，以更大格局推动黄帝文化创造性转化、创新性发展。

刚刚召开的浙江省委全会，再一次将黄帝文化作为浙江省委重点打造的文化标识之一，缙云将肩负起传承弘扬黄帝文化这一重要使命，推动浙江文化的大发展大繁荣。

问：省委十五届四次全会，发出了"勇当先行者、谱写新篇章"的动员令，缙云将如何部署和落实？

答：缙云县委、县政府提出了五大工作理念：发展是首要的任务，问题是时代的号角，创新是最好的创业，争先是永恒的主题，行动是最好的语言。

缙云将对标对表，重点在4个方面努力：一是对标"在一体推进创新改革开放上先行探索突破"，持续走好"小县大创新"之路。二是对标"在打造现代化经济体系上先行探索突破"，加快打造一流"工业生态"，建设"工业强县"。三是对标"在建设中华民族现代文明上先行探索突破"，深度打造黄帝文化标识。四是对标"在构建共同富裕体制机制上先行探索突破"，完善"四城一体、两园驱动、三乡进进"县域发展新格局。

缙云将坚定不移地按照省委部署要求和县域发展实际来开展工作，埋头苦干，脚踏实地，找准方向，当排头、立潮头。

问：缙云提出了"乡愁产业富民"的理念和要求，乡愁富民与共同富裕之间是什么样的关系？

答：我们缙云县委、县政府这几年充分挖掘本地产业特色，让本地特色产业变成乡愁产业，打造让缙云人记得住的产品，把儿时记忆的东西转化为富民的产业。比如烧饼。每个缙云人小时候都吃过烧饼，以前都是在重大节庆的时候才去买烧饼吃。现在我们的烧饼产业已经发展到全球16个国家，全国有8000多家门店，从业人员3万多人，2022年年产值达到32个亿，带动梅干菜、烧饼桶等产业从业人员近4万人。光是卖烧饼桶，夫妻俩一年就能有二三十万元的收入，这就是乡愁产业、富民产业。还有我们的爽面、黄茶、茭白。茭白以前是农民自家吃的蔬菜，现在我们把它发展成一年种两季三季，1亩田种茭白，一年收入3万元。我们的种植面积达到6.5万亩，这是什么概念？全国每10根茭白里面就有1根产自缙云。加上缙云人在外面承包种茭白的，再加1根，全国每10根茭白里面就有2根出自缙云。包括我们缙云的麻鸭。以前有"四万鸭农闯天下"，现在又转型，养鸭、养虾、养鱼都产业化了。这些乡愁产业发展起来，就是农民实实在在的就业，是让农民腰包鼓起来的产业，是增收致富的一个重要渠道。

问：作为县委书记，您在下访的过程中印象最深的是什么事？

答：我们缙云人多地少，资源稀缺造成互相之间有利益纠葛，这是一个。第二个是我们缙云人会读书、善读书，比较讲道理。在下访过程中，我感觉老百姓比较关注自己的生活条件。农村以前管理相对混乱，现在我们推出新的政策，专门保障农民的宅基地建设。很多纠纷是因为源头心结没有理顺。比如殡仪馆里面保存的遗体。我就提出要解决遗体背后的问题，让活着的人和已逝的人都安心。所以我们组建专班，从源头上化解矛盾，降低了信访量。

问：在您履职的过程中，有什么印象深刻的突发事件？

答： 2021年"灿都"台风，不仅对我们小流域造成重大冲击，当时我们仙都AAAAA级景区正在创建，准备迎接文旅部专家的现场考察，一场台风，把我们前几年做的一些基础设施毁掉了。面对这个重大危机，怎么来扭转被动局面，迎接专家考察？我们县委、县政府带领全县上下把整个仙都分成50多个网格，让全县3万多人投入灾区灾后重建。不到一个月，我们把整个景区恢复到之前的水平，专家来了叹为观止，觉得缙云人能干事，面对这么重大的危机和冲击，不退缩，不懈怠，最后还能顺利通过验收。我从这件事情上感觉到，全县上下团结，县委、县政府拧成一股绳，坚强的领导核心作用就在这里。

问：您当过县长，也当过县委书记，您认为应该如何处理县委书记和县长的关系？

答：第一个，两个人要有一个共同的目标，就是以事业为中心。第二个，我认为县委书记的格局很重要。我们要尊重人，要坦诚，不能专断独行，尤其要信任县长，给县长空间，相信县长的能力。县委书记是把好方向的，工作当中跟县长主动碰头，有事多商量，有事好商量，有事商量着办。

问：您担任过团县委书记和团市委书记，担任过乡镇的党委书记，过往的履职经历对您现在担任县委书记有哪些帮助？

答：我认为共青团是一个有活力的群团组织，共青团的履历让我觉得工作要富有激情、充满活力，始终给自己一种动力。另外，我从共青团的经历中感到，青年永远是推动社会发展的希望和力量。我们要相信青年，动员青年，发挥青年的作用，是共青团的经历给予我对青年、对未来的无限憧憬。

说到乡镇党委书记，作为基层一线主官，是直接面对群众的，关注群众冷暖，这培养了我的一个工作习惯。我有空就往基层跑，往乡镇跑，往村里跑，往企业跑。这就是调研。同时乡镇党委书记的履历也推动我面向基层、关注基层，锤炼我的坚定的信心，面对基层矛盾时不会那么慌张。

【采访手记】

"共青团让我富有朝气,充满激情;乡镇让我接满地气,遇事有决断力。"被问及既往经历对自己的影响时,丽水市缙云县委书记王正飞如是说。

对话县委书记,话题不只是事关县域发展的战略题,一些开放式小问题也因为生动而同样精彩。比如被问及领导干部下访时,王正飞书记的体会是,县委书记下访不能满足于解决一个问题,而是要着眼解决一类问题,并且列举解决此类问题的具体事例,颇有说服力……

对于一个山奇水秀、气清景美的山区县,夺得代表治水的大禹鼎、代表乡村振兴的神农鼎、代表平安的平安鼎,我们并不意外,但是缙云同时又夺得了代表先进制造的天工鼎、代表科技创新的创新鼎,缙云是怎么做到的呢?

缙云县委书记王正飞：
争当"创变者"，勇闯山区发展新路

潮新闻记者　邬　敏　叶锦霞

2023年11月10日，浙江省创新深化大会召开，缙云县夺得2022年度科技创新鼎。谈及"夺鼎"，丽水市缙云县委书记王正飞心潮澎湃："作为加快发展地区，必须要有争先的信心和决心，科技创新鼎见证着我们过去创新创造的能力，也激励和鞭策我们以更大的力度、更创新的思维来推动缙云的发展。"

2023年11月，在"潮涌之江·对话县委书记"访谈中，围绕山区县创新发展、文化传承与弘扬、乡愁富民与共同富裕等话题，王正飞与浙江日报报业集团社长、党委书记姜军，解码山区县域经济发展思路，展望缙云高质量发展蓝图。

有一种力量，叫创新

2023年5月，山区小县迎来"高光时刻"。缙云被省委、省政府授予神农鼎，实现了大禹鼎、平安鼎、科技创新鼎、浙江制造天工鼎、神农鼎"大满贯"。

如何跨越关山的阻隔，冲破区域的沟壑，冲破思维的边界？这是山区县普遍面临的发展之问。缙云用"五鼎"，作出铿锵有力的回应。

"缙云拿下'五鼎'，实现'鼎鼎有名'，代表的是县域综合发展的成效和质量。"王正飞在访谈中说，欠发达地区要加快发展，只有比别人跑得更快。而创新，是山区加速奔跑的原动力。

回溯 20 世纪 80 年代，缙云以锯床和特色机械装备产业为原点，以深耕科技创新领域为支点，成功打造"中国锯床之都"。缙云制造的锯床，占据国内七成以上的市场份额。

步入新时代，如何在创新中求变革？山区县亦有破解之道。

缙云将工业作为创新的主战场，拿出力度空前的科技新政和产业创新基金，超前布局县内县外两个"3+N"创新动力体系。县内，以中心城区、丽缙高新区和丽水高新区 3 个科创平台为牵引；县外，以杭州、上海、深圳 3 个科创飞地为跳板，搭建起"招引、落地、培育、产出"全生命周期项目服务机制，集聚各类高端人才和创新要素，探索生态工业发展新模式。

放眼缙云的产业版图，已形成机械装备、短途交通、智能家电、健康医疗等四大主导产业，规上工业总产值突破 400 亿元。242 家自营出口企业与全球 150 多个国家和地区建立直接经贸往来，培育了天喜厨电等本土企业，孵化了臻泰能源等新兴科技企业，引进了德国肖特集团等世界一流

缙云（朱勇垣摄）

企业，实际利用外资实现翻番。

连日来，在丽缙高新区，德国肖特集团投资的中硼硅棕色玻管生产线加速运转，一批批菲奥来 B10 棕色玻管实现量产，这是德国肖特集团首次将玻璃熔炼核心技术引入中国。2012 年以来，德国肖特集团三度投资缙云，缙云成了德国肖特集团最大的海外投资地。

王正飞在对话中提到一组数据：县本级财政科技拨款从 2018 年的 0.42 亿元上升至 2022 年的 1.89 亿元，年均增长率达 45.65%。

数据背后，是创变的决心。缙云在全省率先开展企业"创新论英雄"，建立 5 个层级全域辐射的企业自主创新研发体系，让企业唱主角。全县 2500 多家企业，你追我赶，不仅"比规模、比利润"，更"比设备、比研发"。

在全省创新深化大会上，一家浙企再度亮相：浙江金马逊智能制造股份有限公司，二度获得省科学技术进步奖一等奖。"公司 2003 年成立后，干的就是一件事，一门心思开展精密导管成形技术及成形设备的研发攻关，突破多项行业共性技术难题。"谈及发展，公司董事长林伟明不禁感慨道。

山区的发展，绝不止步于此。王正飞坦言："在制造业的品质化、高端化、智能化上，我们还有很长的路要走。"

有一道光芒，叫文化

演播厅访谈现场，一幅剪纸作品颇为打眼，跟传统剪纸不同，既不用红色纸张，又不是简易的单层结构，7 层的彩色剪纸，层峦叠嶂的鼎湖峰跃然眼底。

"鼎湖峰，是缙云的符号，也是黄帝文化的标识。"王正飞说，"2022 年，黄帝文化被写入省第十五次党代会报告，刚刚召开的省委全会上，再一次把黄帝文化作为浙江省委要打造的文化标识之一写到会议决定中，既

岩下石头村（缙云县委宣传部供图）

仙都朱潭山（缙云县委宣传部供图）

给了缙云信心，又赋予缙云更大的使命和责任。"

　　创新因子潮涌的山区县，洋溢着"工业风"，也流淌着"文化味"。缙云，是全国唯一以轩辕黄帝名号命名的县，缙云仙都祭祀轩辕黄帝大典始于东晋，兴于唐、宋、元，延绵至今，成为浙江省唯一经批准的由省政府主办的祭祀类节庆活动。

　　2023年10月23日，鼎湖峰下，祭祀大院，再次响起熟悉的钟声，与雄浑的鼓声相和，回荡山间。癸卯（2023）年中国仙都祭祀轩辕黄帝大典，凝聚起中华民族共同体意识，也让黄帝文化有了全新的演绎。

在新时代建设中华民族现代文明的大命题下，如何对祭祀黄帝文化再作创新，推动文化的创造性转化、创新性发展？在王正飞看来，要把仙都黄帝祭典作为打造现代文明重要的平台和载体来推动。

缙云正大力实施传承和弘扬黄帝文化解码、精品、浸润、展示、传播、转化、数智、筑基等"八大工程"，与全国各地11家单位结成黄帝文化联盟，注册成立黄帝文化书院，以更大格局推动黄帝文化创造性转化、创新性发展。

黄帝文化融入城市基建，雕塑、绘画等各类文化标识，让街头巷尾处处流淌着文化底蕴；黄帝文化融入文旅业态，"黄帝养生游""黄帝文化游"等康养、研学线路，让传统文化有了具象化的路径；黄帝文化融入特色产业，让缙云黄茶、轩辕黄酒、缙云爽面、黄帝文化康养产品等走俏市场，越来越多的企业和项目在缙云集聚。

黄帝文化浸润的山城，已悄然变了模样。

有一抹亮色，叫五彩

2023年6月，缙云县壶镇镇联丰村党总支部书记楼干强作为全国唯一的村支书代表，登上第十七届中国—东盟社会发展与减贫论坛，讲述中国农村在乡村振兴战略和"千村示范、万村整治"工程带动下的蝶变故事。

10分钟的演讲里，楼干强用一个个小故事，回溯联丰村从环境整治到发展美丽经济的历程，分享乡村建设与发展的"活真经"，赢得了各国嘉宾的称赞。

"第一步变干净，第二步变漂亮，第三步有特色。"楼干强在发言中说，6年时间，通过全村人的努力，联丰村从"脏乱差村"变成有名的"花园乡村"，从6年前集体欠债100多万元的"后进村"变成村集体经营性收

缙云黄茶基地（缙云县委宣传部供图）

入逾百万元的"富裕村"。2022年，全村农民人均可支配收入超过8万元，约是全国水平的4倍。

如今，步入村子，幢幢房屋整洁亮丽，家家户户"门前花果香，屋后树成行"，一派欣欣向荣的景象。

褪去陈旧杂乱面貌后，焕发生机的联丰村，是缙云协调处理乡愁富民与共同富裕这对关系的生动缩影。"千村示范、万村整治"工程实施20年，缙云全县城乡居民收入倍差从2002年的3.97缩小到2022年的1.89。

城乡之间，还跃动着别样色彩。"烧饼、茭白、黄茶、杨梅、梅干菜的颜色，构成了'五彩农业'的底色。"王正飞说，以"五彩农业"为代表的乡愁富民产业，就是农民身边实实在在的就业，也是让老百姓腰包鼓起来的产业。

王正飞口中的"五彩农业"具体指的是："两黄"——缙云烧饼、缙云黄茶；"两白"——茭白、缙云爽面；"一红"——杨梅；"一灰"——缙云麻鸭；"一黑"——梅干菜。这些再普通不过的乡野土货，构成了五彩的共富谱系，创出了76亿元的全产业链总产值。

以梅干菜为核心的缙云烧饼产业，年产值从2013年的2.3亿元攀升至 2022 年的 30.2 亿元，带动从业人员超过 4 万人；"茭白—麻鸭共生系统"入选中国重要农业文化遗产，累计实施茭鸭共生面积超过 10 万亩次，核心保护区亩产值逾 3 万元；缙云黄茶规模化种植面积 1.35 万亩，产值超过 1 亿元……一条有"乡土味、乡亲味、乡愁味"的共同富裕新路子愈走愈宽。

农业在增色，文化在提质，产业在变革，缙云，这片 1503 平方千米的土地上，时刻涌动着的是变化。"加快发展地区，始终自我加压，永不停歇！"正如王正飞所说，新一代创变者，正在县域发展新路上留下新脚印。

缙云爽面（缙云县委宣传部供图）

读端丨小县如何大创新？
刘士林：良好的创新环境让缙云走出发展新路子

上海交通大学城市科学研究院院长、教授，
浙江省城市治理研究中心首席专家刘士林

一般人谈到创新，主要关注的是大城市。因为大城市集聚了创新所需的各类要素，如高等院校、名院大所、一流科研平台、高端人才和顶级团队、充足的研发经费、与世界科技前沿的密切交往等，而中小城市充其量是接受一些辐射或溢出，主要做配套服务和生产基地。缙云提出"山区县也能搞创新"，包括实实在在建设的创新动力体系、创新生态链等，再次彰显了勇于探索、敢为人先的浙江精神，有望成为浙江经验中的新成员。

良好的创新环境是缙云探索建设创新型县城的亮点之一，也有不俗的表现。但这要从两面看：一方面，与大城市相比，小城市的社会结构和关系相对简单，这是创新环境容易培养和维系的重要原因；另一方面，小城市的创新环境也有局限性，未来需要在做大格局、更多接受大城市的辐射带动上下功夫，可以主动为大城市的科研资源量身定制一些题目和领域，这是持续走好"小县大创新"之路、打造一流"工业生态"、建设"工业强县"的重要保障。

2023年全国两会期间，习近平总书记在参加江苏代表团审议时指出："上有天堂下有苏杭，苏杭都是在经济发展上走在前列的城市。文化很发达的地方，经济照样走在前面。可以研究一下这里面的人文经济学。"

这对于"文化发达""经济也繁荣"的浙江是适用的。缙云具有深厚的人文资源，确立了打造黄帝文化标识的目标，未来要避免"就文化论文化"，应探索把创新、产业与人文结合、融合起来，走出一条小县城也能创造大文化的新路子，打造建设中华民族现代文明的县域样本。

浙东运河畔，越城古韵焕新生

扫一扫，看视频

本期访谈由姜军对话绍兴市委常委、越城区委书记、滨海新区党工委书记、镜湖新区开发办党组书记徐军，双方就"运河文化""古城保护创新""产业转型发展"等话题，循迹溯源，畅谈越城发展的经验和故事。

问：大运河流淌了数千年，她既是经济之河，也是文化之河，您对运河、运河文化是怎样理解的？

答：大运河是一条人民之河、生命之河、生态之河、景观之河。

一是人民之河。大运河汇聚了以水乡、桥乡、酒乡为核心的水文化，以诗文、书画为特色的名人文化，以越女采莲、龙舟竞渡、花雕嫁女为代表的风俗文化，等等。可以说，运河代表了人民的生活。

二是生命之河。2021年6月，浙东引水工程全线贯通，至今累计输水50多亿立方米，惠及杭州、绍兴、宁波、舟山4个市，18个县（市、区），1750多万人，整个浙东的群众、企业都受益于该工程。

三是生态之河。大运河联通水网，加强了灌溉、防洪、排涝等作用。作为河长制的发源地，浙江率先建立省、市、县、乡、村五级河长体系，让广大群众成为治水护水的主力军。通过"美丽河湖"治理，涌现出一批水美乡村。治理后的绍兴水系，河畅水清，岸绿景美。

四是景观之河。大运河两岸景色优美，积淀了很多古典园林、藏书楼阁、桥梁古塔等，素有"山阴道上行，如在镜中游"这一美轮美奂的比喻。

问：古城是绍兴的根与魂，在保护与发展中有何矛盾？如何化解？

答：古城是绍兴的根脉，是其灵魂所在，是绍兴最具有核心竞争力和不可复制的文化IP。

我们坚持用规划引领发展，把古城全域申遗作为推进整体工作的总抓手，不仅考虑全域景观和综合环境，更考虑一桥一树一河一台门的有机融合，还需要想方设法挖掘、提炼传统，讲好越城文化故事。

坚持让文旅深度融合，做到融出深度、融出新意、融出质量，将文化厚度转化成产业高度，全面释放古城文旅活力。2023年以来，越城创新推出古城四季文商旅引领性活动，培育打造高品质文化消费供给，让文商旅消费成为驱动经济高质量发展、带动古城消费的新引擎。目前，我们正在积极建设小吃一条街、茶饮一条街、酒吧一条街等特色街区，这既是推进古城文商旅高质量发展的重点项目，又是唤醒解放路商圈、繁荣古城夜经济的重要抓手。

坚持把古城还给人民，以"工匠精神"推进古城更新，以"绣花功夫"抓好古城管理，加快"数字古城"建设，吸引更多有活力的人群来古城工作、创业、生活，让古城保护利用获得活力源泉和动力根基。

问：产业是县域发展的基础，在高质量发展建设共同富裕示范区的过程中，越城具备哪些优势？

答：制造业始终是越城发展的根基。我们深入实施"腾笼换鸟、凤凰涅槃"行动，推动制造业转型升级。腾出更多的发展空间后，引进了集成电路、生物医药等新兴产业，在新赛道上跑得更快、更稳。

越城的优势包括文化底蕴、体制机制、区位优势等。尤其是近年来，随着地铁、快速路等一批重大交通项目建成投用，杭绍同城的区位优势更为突出，对人才招引、产业布局都有很深远的影响。

问：您在嘉兴南湖工作过，现在又来到古越大地，从您的切身感受来说，两地在文化上有哪些差异？

答：在嘉兴工作时，我感觉吴文化是柔的，到绍兴工作，则感受到越文化是刚柔并济的，两地在工作的实施和执行方面有着细微的差异。

比如，在嘉兴时，同志们更愿意让你去感受，话语不是那么直接。绍兴的同志们则会比较清楚、直白地表达意图。但我觉得两个地方有一个共同点，就是同志们都非常能吃苦，对地方工作都能够很好地去理解、认识、把握、推动。同时，两地还有一个共同点，就是大家对外来的干部、人员都很能包容接纳，所以我从嘉兴到绍兴，很快就融入进来了。

问：您是越城区班子里的"一把手"，怎样做到一任接着一任干？

答：一任接着一任干是一个很好的传统，浙江各个地方的干部也都秉持着这种精神、态度和意识。我到越城工作之后，延续了前一届的一些工作，并进行了深化和完善。比如"腾笼换鸟"，市委、市政府决策之后，整个工作是有延续性的，每个企业有着不同的特点和诉求，涉及资金、土地、能耗等问题，越往后难度越大，虽然不是我这一届党委政府实施的，但我认为事情既然已经定了，接力棒传到我的手上，那么就要一以贯之地落实下去。

问：如何统一思想，请举一个具体的事例？

答：在充分调研的基础上，结合现阶段越城的实际，我们提出"首位立区、幸福越城"的目标。目标提出来之后，先是在全会上作了全面部署，然后通过座谈会、调研，还有一些大型活动，全面落实部署工作的整体要求。每一层工作，不管是部署的层面，还是抓落实的层面、看结果的层面，都是体系化、逻辑化的，是分层分类去作研究和部署，推动当时定的目标逐步实现。它不是一张笼统的作战图，而是必须有时间表、计划书，每个阶段落实责任人，形成一个工作的闭环。

同时，我们也健全了一些机制，围绕重点工作，每个月会举行一次例会，所有领导都参加。在会上，大家会对上个月的工作进行回顾，对下个月的工作进行安排，交流工作中碰到的问题，沟通需要其他条线怎么支持，有哪些招商引资的信息可以交换，对区委、区政府有什么要求或建议等。

通过一系列机制，让我们的工作有条不紊推进，碰到问题的时候及时解决问题，没有问题的时候加快推进，形成了一种良好的发展氛围。

问：您遇到过哪一件印象比较深刻的突发事件？

答：印象最深的是疫情，有三点感触：一是作为地方党委政府，最关键的就是保护好人民的生命财产安全。二是遇到突发事件，必须第一时间处置，态度一定要坚决，要处置到位。三是这么多工作做下来，有经验，也有教训，要把经验固化下来。一个事件花了代价形成的经验，这一届班子是很清楚的，但是后面的人不了解，要给后面的人留下一个可供借鉴的东西，把一些问题梳理清楚，把一些好的做法固化下来，成为一个制度。

问：县委书记和县长的关系非常重要，对此，您有什么体会？

答：我觉得两者是不可分的，是工作上的"夫妻"，感情可能比生活上的夫妻更深，因为县委书记跟县长在一起的时间更长。

从区委书记和区长之间的关系来讲，职责要分清，虽然很多工作是融合的，但自己在角色站位上要有精准的判断，哪些是要重点关注、重点落实、重点把握的，哪些是要支持同事去推进的。

我自己是有一些分层分类的安排。作为区委书记，第一，要支持好区长的工作，因为区长既要在区委的领导下开展工作，又要面对老百姓和企业的实际情况，工作难度更大。区委书记要有包容心、宽容度来支持区长的工作，让他感受到区委永远是他坚强的后盾。第二，要开诚布公，碰到什么问题、有什么矛盾都要说出来，第一时间两个人面对面来商讨。第三，工作以外，两个人经常聊一聊，既在工作上做伙伴，也在生活上做伙伴，这样就会发自内心地尊重对方、理解对方。

【采访手记】

　　越城名人辈出，王羲之、陆游、王阳明、秋瑾、鲁迅、蔡元培等，不胜枚举，八字桥、新河弄等历史街区与周恩来祖居等先贤遗迹星罗棋布，被誉为"没有围墙的博物馆"，对话绍兴市委常委、越城区委书记徐军，文化是重点。

　　对标世界文化遗产预备名单标准，越城如何破解古城发展与保护的矛盾？流淌的浙东大运河对越城意味着什么？如何传承与弘扬运河文化？徐军书记慢慢打开话匣子，与我们分享经济社会发展背后的文化故事。

　　从南湖之畔到古越大地，两地的文化性格有何异同？徐军书记回答得干脆：嘉兴更多地呈现"柔"的一面，绍兴则以"刚"示人，坚韧不拔是两地人的共同特征。

　　同样爱好网球的他，球龄显然比我长多了，只是工作的原因，他现在很少摸球拍了。

　　找个时间，约一场"文化"网球。

越城区委书记徐军：
生机涌动大运河，千年古城开新篇

潮新闻记者 潘 璐 曾杨希 王 佳　　见习记者 毛艺蓉

倘若问2023年的热门旅游地哪里最"出圈"，绍兴越城必然榜上有名：每到节假日，浙东运河博物馆一票难求，八字桥边游客络绎不绝，鲁迅故里人头攒动……

一条流淌千年的大运河，一座有着2500多年历史的文化名城，深厚的文化底蕴成就了越城的城市品牌。集成电路等新兴产业的蓬勃发展，更让越城焕发出新的生机与活力。

如何看待大运河的内涵？如何促进古城的有机更新？如何推进地方产业的转型升级？

2023年11月，在"潮涌之江·对话县委书记"访谈中，浙江日报报业集团社长、党委书记姜军对话绍兴市委常委、越城区委书记、滨海新区党工委书记、镜湖新区开发办党组书记徐军。

"十六字"解读千年浙东大运河

西起杭州西兴，向东经绍兴，至宁波入海，浙东大运河通江达海，穿越城而过。

拥有2500多年历史的浙东古运河航道尚存，曾经"浪桨风帆，千艘万舻"，如今依然航船辐辏、工商并茂。

2023年9月，习近平总书记在浙江省绍兴市考察。登上浙东运河文化园内高拱石桥时，习近平总书记感叹道："在这里可以畅想一下古今沧桑。"

越城的水乡婚礼（越城区委宣传部供图）

在徐军的眼中，浙东大运河是一条人民之河、生命之河、生态之河、景观之河。

这"十六字"，内涵深刻。

大运河沿岸汇聚了各类民间文化、各种民俗活动，单是劳动号子就有很多种。浙东运河更汇聚了以水乡、桥乡、酒乡为核心的水文化，以诗文、书画为特色的名人文化，以越女采莲、龙舟竞渡、鉴湖乌篷、花雕嫁女为代表的风俗文化，等等。

"运河代表了人民的生活。"徐军介绍，"因此，它是一条人民之河。"

曾经，浙东地区人口密集，但水资源相对紧缺，严重制约当地人民的生活和发展。2003年，浙东引水工程正式启动。这些年来，浙江省坚持一张蓝图绘到底，一任接着一任干。2021年6月，浙东引水工程全线贯通。它重组了浙东地区水资源配置网络，累计输水 50 多亿立方米，惠及 1750 多万人，实现了一江碧水向东流的美好愿景。

"整个浙东的群众、企业都受益于该工程。"徐军感慨道，"因此，它是一条生命之河。"

浙东大运河联通水网，加强了灌溉、防洪、排涝等作用。作为河长制的发源地，广大群众成为治水护水的主力军。

通过"美丽河湖"治理，绍兴水系河畅水清，岸绿景美，徐军表示："因此，它是一条生态之河。"

穿境而过的浙东大运河两岸景色优美，积淀了很多古典园林、藏书楼

西小河（冯伟尧摄）

古城过大年（越城区委宣传部供图）

阁、桥梁古塔等。

"因此，它是一条景观之河。"徐军推介，希望各地游客可以经常来绍兴越城走一走，看看运河风光，领略历史文化。

"没有围墙的博物馆"是懂年轻人的

来越城，你可以坐着乌篷船，一路听着欸乃的桨声，静静划过王阳明的家门口；也可以漫步鲁迅的三味书屋，感受他的刻苦；亦可以前往沈园，品味陆游和唐婉的凄美爱情……

越城是一座拥有2500多年历史的古城，大禹、勾践、王阳明、秋瑾、鲁迅等名人辈出，面积9.09平方千米的古城范围内，坐落着各级文保单位73处，被誉为"没有围墙的博物馆"。

越城风貌（越城区委宣传部供图）

"古城是绍兴的根脉，是灵魂所在，是绍兴最具有核心竞争力和不可复制的文化IP。"徐军说，近几年，越城在古城的保护、传承和发展工作上不遗余力。

2023年初，《绍兴市国土空间总体规划（2021—2035年）（草案）》编制完成，文件中首次明确提出要创造条件启动古城申遗。

"我们坚持用规划引领发展，要把古城介绍给世界人民，就需要我们对古城的整体打造有清晰的思路。"徐军表示，推进古城有机更新，越城还找到了新打法，要将文化厚度转化成产业高度，开门的钥匙在于文旅融合，"要融出深度、融出新意、融出质量"。

荧光夜跑、星空夜市、宋韵艺术生活展……如今，去越城，总有丰富多彩的活动等着你参与。2023年以来，截至11月底，越城创新策划开展古城四季文商旅活动57场，融入了古越文化的内容、符号和故事，同时，积极建设小吃一条街、茶饮一条街、酒吧一条街等特色街区，全面释放古城文旅活力。

在徐军眼中，平衡古城保护与发展的关系，另一大关键因素在于人："古城保护得再好，如果没有人来居住生活，也就失去了保护的意义。"

"以点及面，以点、线串链，然后截面，让每一个运河上面的点位都能按照相应的规划牵引，让它跟文化、旅游、商业结合形成一篇大文章，来整体推动我们整个文商旅的全面融合。"徐军认为，城市设计过程当中也要重点植入更多年轻人需要的元素，让古城焕发年轻活力，既有历史互动感，又有现代冲击力。

故而，越城正在持续推进全域未来社区建设，在老旧小区改造的基础上，补足公共空间和配套资源，同时，推进"古城大脑"建设，让越城治理更加智慧化，并持续推进打造最清洁城市样板，进一步提升古城精细化管理水平。

"我们要把空间打开，把新的功能植入，通过完善基础设施等方式，让更多有活力的人群来古城创业、工作、生活，推动越城的进一步发展。"徐军说。

新兴产业赛道上的发展"密码"

古越大地，不仅承载着深厚的人文底蕴，更蕴藏着经济发展的无限潜力。对话过程中，徐军多次提及，土地的亩均效益演变，是打开越城高质量发展的一大"密码"。

"亩均"本是农业术语，越城将其作为标尺，引入产业转型升级发展，释放产业"质效双升"新活力。

过去，绍兴是浙江的制造业大市，素有"酱缸""酒缸""染缸"之称。针对传统产业高耗能、高排放、高污染的"痼疾"，绍兴以"腾笼换鸟"破题，作为主城区的越城也借势走出"舒适区"，拉开"亩均论英雄"改革序幕。

从落后产能破局，向新兴产业发力。2018年以来，越城对低效高耗的污染型企业进行"减量腾退"，为引入新赛道开路；同时不断开辟出新的产业土壤，招引一批"俊鸟"，使先进制造业集聚集群发展，推动新一轮城市更新与产业发展融合。

"当时，光是87平方千米的袍江区域就聚集了87家印染化工企业，但如今，已被亩均效益更高的泛'半导体+'产业覆盖。"徐军说。

如何让有限的土地资源发挥最大效益？在徐军看来，当地提出的"退二优二"治理方针是实现产业动能飞跃的关键。

"我们的宗旨是，整体工业企业搬迁后，这些土地不变性，还是作为制造业用地。"徐军说，通过政府主导腾退用地开发，越城工业用地从400多万平方米增加至900多万平方米，加上全域整治工业低效用地等硬核举

越城景貌（越城区委宣传部供图）

措，不仅大大增加了制造业生产空间，而且大幅提升了当地劳动生产效率，加速了空间形态、产业结构、亩均效益的提能升级。

如今，绍兴集成电路新产业平台已经汇聚近百家集成电路企业，基本形成设计、制造、封装、测试、设备及应用的全产业链，2022年产值突破500亿元。

向"新"而行，加快培育战略性新兴产业，正在成为越城推动高质量发展的主要抓手。目前，越城高新技术企业增至534家。2022年，越城高新技术产业增加值占工业增加值比重达62.4%，实现逐年增长。

"新兴产业的引入，让越城在新赛道上跑得更快，也跑得更稳。"徐军说。

读端丨运河边千年古城焕新生
曾刚：以产业创新提升城市竞争力

华东师范大学城市发展研究院院长、终身教授曾刚

"流动的河流，造就了城市的秀色与灵气"，这是我国南方很多城市的生动写照，但绍兴市越城区则拥有更加高贵的"血统"。

一条流淌千年的大运河与一座历经2500多年风雨的文化名城交相辉映，造就了越城深厚的文化底蕴，成就了越城亮丽的城市品牌。

近年来，越城以"退二进二"、全域整治工业低效用地等硬核举措，不仅摘掉了"印染化工企业密集、城区污染严重"的帽子，而且通过腾退用地开发，使工业用地从400多万平方米增加至900多万平方米，大大增加了制造业生产空间，并导入了集成电路等战略性新兴产业，大幅提升了土地产出效率和城市竞争力。

目前，绍兴集成电路新产业平台汇聚了近百家集成电路企业，基本形成了包含设计、制造、封装、测试、设备、应用的全产业链，2022年产值突破500亿元。越城区高新技术企业增至534家，高新技术产业增加值占工业增加值比重高达62.4%。面积9.09平方千米的古城范围内，坐落着各级文物保护单位73处，被誉为"没有围墙的博物馆"。

小吃一条街、茶饮一条街、酒吧一条街等特色街区令人流连忘返。古老的运河、古老的城市焕发青春，人民群众物质生活、精神生活、生态生活更加绚丽多彩。

期待运河边的越城，在推进人与自然和谐共生、物质文明和精神文明相协调，全体人民共同富裕，实现中国式现代化的新征程中，勇立潮头，再立新功。

嘉善：在"双示范"中勇当示范生

扫一扫，看视频

本期访谈由姜军对话嘉兴市委常委、嘉善县委书记江海洋，双方就"八八战略""新发展理念""长三角一体化发展"等话题，循迹溯源，畅谈"双示范"建设的经验和故事。

问：在践行新发展理念上，嘉善如何赋予转变发展方式、主动接轨上海、统筹城乡发展这"三篇文章"以时代内涵？

答：10多年来，嘉善深入贯彻新发展理念，忠实践行"八八战略"，坚持一张蓝图绘到底，一任接着一任干，接续做好转变发展方式、主动接轨上海、统筹城乡发展"三篇文章"。

作为全国唯一的县域高质量发展示范点、长三角生态绿色一体化发展示范区的重要组成部分，嘉善地区生产总值从2012年的345亿元增长到2022年的863亿元，规上工业产值从750亿元增长到2050亿元，连破两个千亿元大关，年均增长11.8%。

新征程上，省委赋予嘉善"展示窗""试验田""桥头堡"新使命新定位，我们将接续做好"三篇文章"，创造性贯彻落实、创新性转化发展。一是把转变发展方式作为县域高质量发展的核心路径，抓新兴产业培育壮大、科技和产业联动，推动增长方式由"拼资源"向"拼创新"转变；二是把主动接轨上海作为区域一体化发展的最大优势，将全面接轨上海"第一站"作为嘉善首位战略，坚持"借船出海、借梯登高、借力发展"；三是把统筹城乡发展作为促进共同富裕的突出抓手，深入推进以人为核心的新型城镇化和乡村振兴。

问：在长三角生态绿色一体化发展这盘大棋中，嘉善如何当好示范生？

答：2019年，嘉善被全域纳入长三角生态绿色一体化发展示范区，成为服务落实国家战略的前沿阵地，形成了10%的人口通勤上海、30%的科创来自上海、50%的工农业配套上海、70%的游客来自上海、90%的进出口和招商通过上海的"13579"全面接轨融合效应。

2023年，我们开启了一体化示范区建设新三年征程，持续聚焦"一体化""高质量""生态绿色"3个关键词。一是在一体规划上先行示范，加速启动新一轮项目建设，将规划蓝图一步一步变为实景图；二是在产业协同上先行示范，携手上海青浦、苏州吴江全面建设全国首个跨省域高新区，加快形成基础研发在上海、中试产业化在嘉善的协同创新机制；三是在跨域治理上先行示范，深耕一体化机制创新，提升跨域治理效能；四是在民生共享上先行示范，大力引进长三角优质教育、医疗资源，让嘉善老百姓在"家门口"就享受到大都市的优质公共服务。

问：在跨越赶超的新征程中，嘉善如何不断破解新的"成长的烦恼"？

答：我们确实面临着一些"成长的烦恼"，如工业腰杆子还不够硬、头部大企业还不够多、产业链还不够全等问题。

2023年，我们推出了"招商大突破""项目大攻坚""营商大提优"三个年行动。树立"干就最好、做就极致"意识，在解放思想中增强干部战斗力；以打造工业强县升级版为抓手，持续做强通讯电子、新能源等主导产业集群；积极创建国家级旅游度假区，深化打造"北西塘、南大云"全域旅游品牌；围绕有效扩大高品质公共服务供给，优化民生福祉；深化基层网格治理，持之以恒抓好平安建设、守牢安全底线。

到2025年，嘉善将实现千亿GDP、千亿产业、千亿园区、千亿招商、千亿企业、千亿投资、千万游客等七个大突破，再次实现"双示范"的跨越赶超。

问：嘉善提出要打造精神富有示范地，具体举措有哪些？

答：我们还是以善文化为核心。具体表现在4个方面。第一，我们本地人口42万，外来人口46—48万，比本地人口还多，所以我们开展"五湖四海一'嘉'人"活动，"嘉"就是嘉善，谐音一家人的"家"，让外来人口感受到温暖关怀。我们每年对优秀新居民进行评选，通过这样的举措，彰显政府的关心关爱，让新居民更快更好地融入嘉善。第二，不断加大正能量的宣传，在全社会形成良好的氛围，让从善如流成为一种风尚。第三，进一步挖掘善文化的内涵。我们嘉善有很多名人，行善方面有很好的举措，充分发挥这些名人的典型效应，把善文化这篇文章不断地发扬光大，营造全社会"善"的精神内涵。第四，大力弘扬坚韧不拔、敬业争先的嘉善精神，把它融入经济社会的方方面面。

问：打造忠诚型、事业型、攻坚型、开创型、团结型、勤廉型的干部队伍，是出于什么考虑？

答：从2019年长三角生态绿色一体化发展示范区成立以来，在某种程度上，嘉善就代表着浙江省与上海青浦区、苏州吴江区同台竞技。我们干部的表现不仅代表嘉善，还代表着浙江的形象。我们大力推进干部队伍建设，着重抓好3个方面。一是要讲忠诚，认认真真地、系统性地学习习近平新时代中国特色社会主义思想，内化于心，外化于行。二是激发干部的拼搏精神，成绩是不会从天上掉下来的，我们开展了很多活动，破除"小富即安"的思想，激发干部不断地去拼，基本上形成了做就做到极致的追求。在跟上海青浦区、苏州吴江区同台竞技的过程中，自我感觉不落下风，不少干部的拼搏精神得到对方的表扬。三是坚决要求干部守住底线，廉洁自律。既要干事也要干净。一方面通过教育、培训，另一方面大力推进干部能上能下。我们有良好的干部选拔机制，同时敢于为有担当的干部撑腰。

问：您作为第四批对口支援援藏干部在那曲奋斗了三年，这段经历对您现在履职有什么帮助？

答： 我很珍惜在西藏的三年，那三年也是我人生中一笔宝贵的财富。一是磨炼了我的意志，那曲的海拔非常高，工作比较艰苦，三年的打磨极大地磨炼了我的意志，让我在今后的工作中敢于去冲破困境。二是让我更加了解我们的边疆地区，我很好地感受了西藏的人文风情，培养了更深厚的家国情怀。三是让我更加强烈地体会到干部需要不断交流，任职不同的岗位，获得不同的经历，才能成长为复合型综合型人才。

问：在推动嘉善发展的过程中，作为县委书记，怎样做到一任接着一任干？

答： 我们历届县委、县政府都是按照习近平总书记的嘱托，一脉相承地抓下来。我们的规划是一张蓝图绘到底，比如我到嘉善的时候，嘉善已经形成"一城一谷三区"规划格局，我就按照这个规划格局，不断地在大格局下进行具体的谋篇布局。2022年，长三角生态绿色一体化发展示范区建设三周年工作现场会在嘉善县举行，地点在先行启动区的祥符荡区块，原来是生态农田，基础比较薄弱。但既然确定在这里，我就严格按照规划执行，成立专班，大力实施"13820行动"，以三周年工作现场会为切入点，通过"办好一个会、提升一座城"，提高一个区域的整体发展水平。

问：2023年7月17日，潮新闻发了一则新闻，嘉善7月16日晚突降暴雨，1个小时降雨量141毫米，您作为现场总指挥，是怎样谋划、准备、应对的？

答：当时是抓两项工作，第一个是应急指挥体系，一套班子按照整个防汛预案在指挥部进行指挥领导，一套班子到各个分现场进行现场指挥领导，还有相应的人员从应急角度指挥。第二个是功在平时。这样超历史纪录的暴雨不是经常发生的，超出我们的应对能力，怎么办？功在平时。我们嘉善的基层力量是比较完善的。全县分成820个网格，每个网格配有网格员、辅警，他们在应对过程中发挥了很大的作用。当时群众大部分在家里，肯定要靠干部冲在一线，不断地发现问题，把信息汇总到应急指挥部，再由应急指挥部派出抢险队、排涝分队等。强降雨过去以后已经是深夜，我们连夜组织机关干部、各镇街干部以及城市维护人员等，对暴雨区域实施攻坚行动，做好后续处置工作。所以，第二天大家看到街道上没有明显的痕迹，道路整洁干净，城市正常运转，这很不容易。

【采访手记】

　　嘉善是全国唯一的县域高质量发展示范点，又是长三角生态绿色一体化发展示范区，如何在新时代做好转变发展方式、主动接轨上海、统筹城乡发展这"三篇文章"，是对话嘉兴市委常委、嘉善县委书记江海洋的首个问题。

　　地嘉人善，是为嘉善。连续多年举办善文化节，看嘉善如何打造县域精神富有金名片；政策制定以后，干部是决定因素，看嘉善如何锻造忠诚型、事业型、攻坚型、开创型、团结型、勤廉型干部；面对突如其来的破历史纪录的强降雨，看嘉善如何从容应对……

　　不用提示器，没有提示卡，面对面，心交心，坦诚、自然、流畅地交流。

　　江海洋书记给出了一个个让人信服的答案。

嘉善县委书记江海洋：
持续做好"三篇文章"是嘉善高质量发展的"金钥匙"

潮新闻记者 章 然 徐 婷 顾雨婷　　共享联盟·嘉善 曹 力 宋依依

年关将至，各地一份份答卷也陆续上交。

2023年GDP增速一季度全省第一，半年度全省第二，前三季度全省第六；制造业高质量发展综合评价、营商环境指数均列全省第四；创新指数全省第六……这是浙江嘉善的成绩单。

作为全国唯一的县域高质量发展示范点和长三角生态绿色一体化发展示范区的重要组成部分，嘉善不断深化做好转变发展方式、主动接轨上海、统筹城乡发展"三篇文章"。

2023年11月，在"潮涌之江·对话县委书记"访谈中，嘉兴市委常委、嘉善县委书记江海洋与浙江日报报业集团社长、党委书记姜军深入交流，如何赋予"三篇文章"新的时代意义，畅谈嘉善未来发展蓝图。

科创与产业齐头并进，从农业大县到工业强县

2023年11月10日，全省创新大会上，嘉善再次高举科技创新鼎，勇夺"三连冠"。

在科技创新的道路上，嘉善为何成绩斐然？从祥符荡里会找到答案。

荡，长满草木的积水之处，景色秀丽。不过，在嘉善的祥符荡，除了江南水乡的湖荡景观，还有极具现代感的科创气息。祥符荡创新绿谷，聚集了浙江大学、复旦大学、浙江清华长三角研究院等院校团队，国内首个零碳聚落"竹小汇"等项目落地,科创企业也接踵而至。

一片寂静湖荡变成高能级科创平台,离不开嘉善做的第一篇文章:转变发展方式。

江海洋说:"嘉善早已从'拼资源'转向'拼创新',通过科创与产业联动来实现高质量发展。"

为发展壮大新兴产业,嘉善加快布局高能级产业平台,提升祥符荡科创绿谷、中国归谷嘉善科技园、嘉善国际创新中心(上海)等平台功能,大力建设总投资132亿元的浙江大学长三角智慧绿洲等一批高能级科创平台。

如今,嘉善已从以木业、纽扣、印染、植绒等传统工业为主的小城,蜕变成以通信电子、新能源(新材料)、生命健康为主导产业的高质量发展县域。新兴产业占比从2019年的21.5%提升到2022年的53.3%;3年间,规上工业增加值实现年均16.7%的增速;人均GDP增速居嘉兴市第一位。

嘉善新城(沈海铭摄)

除了传统产业转型升级、新兴产业培育，嘉善也在围绕产业链生态进行招商。目前，嘉善已组建通信电子产业链、新能源产业链等多个招商专班，计划到 2025 年，产业链配套覆盖率达到 60%，力争县域内主产业链构建完整。

飞速发展的新阶段，也面临一些"成长的烦恼"。江海洋认为，头部大企业数量偏少、产业链不够完善、产业融合度不够紧密等，都是嘉善当前亟待解决的问题。

为此，嘉善启动"招商大突破""项目大攻坚""营商大提优"3 个年行动，力争到 2025 年实现千亿 GDP、千亿产业、千亿园区、千亿招商、

祥符荡之秋（沈海铭摄）

千亿企业、千亿投资、千万游客等七个大突破,再次实现"双示范"的跨越赶超。

接轨上海、布局长三角,从区位"第一站"到成效"第一站"

产业的转型发展,带来人才的集聚。

每天从早到晚,嘉善南站往返上海的列车络绎不绝。毗邻全国最大的经济中心城市,嘉善的发展也紧紧围绕着这片"海"。

嘉善与上海之间,有一个"13579"全面接轨融合效应:10%的人口通勤上海,30%的科创来自上海,50%的工农业配套上海,70%的游客来自上海,90%的进出口和招商通过上海。

如何从接轨上海地理区位"第一站"到接轨成效"第一站"?

江海洋提到,当下嘉善所有部门在谋事、决策、推进工作时,首先要考虑该举措是否全面接轨上海。"我们把全面接轨上海'第一站'作为嘉善的战略要求。"

一体化发展,交通先行。2022年,嘉善提出推进"三高四铁"建设,形成沪杭苏甬4个万亿级城市半小时交通圈、县域东西南北15分钟直达的快捷交通体系,加速接轨上海、布局长三角的步伐。

通过联合河长制,嘉善与上海青浦、苏州吴江三地携手推动区域协同治水。访谈现场,江海洋欣喜地介绍,如今,嘉善生态环境也更加"清秀",全球仅有的9种水栖萤火虫,嘉善就有3种,国家二级保护鸟类增至11种。

聚焦群众、企业跨省生活生产需求,打造"区域协同万事通"应用场景,实现1300多项政务服务事项"跨省通办"。2023年6月13日,嘉善、吴江首次实现跨区证照联办通取。

良好的区位优势、宜居的生态环境、便捷的跨省通办,成为嘉善筑巢引凤、招商引资的核心竞争力。

如今，祥符荡等科创聚集地、嘉善国际创新中心（上海）等产业园辐射长三角，带动经济飞跃。有企业家在接受采访时表示，选择落户嘉善，既是看重当地政府对企业和人才的扶持力度非常大，又是看重长三角一体化发展带来的"磁力效应"。

此外，引进华东师范大学第二附属中学等长三角优质教育资源，与上海中山医院、浙江大学医学院附属第二医院等开展合作，市民卡在长三角400多家医疗机构可刷卡结算，试点创新"敬老通"应用，三省一市老年人无差别共享同城待遇和社区生活便利……嘉善正从多维度积极融入一体化建设。

2023年是长三角一体化上升为国家战略五周年、长三角生态绿色一体化发展示范区建设四周年，嘉善也开启了一体化示范区建设新三年征程。江海洋说，嘉善将持续聚焦"高质量""一体化""生态绿色"3个关键词，努力在一体规划、产业协同、跨域治理、民生共享4个领域进一步先行示范。

城乡居民收入倍差1.54，从旅游线路领略共富风景

一到周末，许多长三角人就把聚会之地选在嘉善，享受欣赏小桥流水的惬意。

如果推荐一条嘉善旅游线路，应该怎么走？

江海洋建议，先看西塘古镇的水乡风情，再逛CW新零售实体店和祥符荡创新中心，然后前往歌斐颂巧克力小镇、碧云花海，最后在云澜湾温泉景区休憩。

这条线路后半程的点位，都位于嘉善县大云镇。2022年，大云镇缪家村村集体收入达1480万元，在浙江省行政村中居于前列。

县域治理的浙江实践 | 111

城乡交融共富路（沈海铭摄）

20年来，嘉善坚持城乡统筹发展，不断缩小城乡差距，村集体收入越来越高，村民的荷包越来越鼓，日子更红火。

2022年，嘉善城乡居民收入倍差为1.54，是全国城乡差距最小的地区之一。

作为"优等生"，嘉善的共同富裕建设怎么抓？江海洋说，关键还是要持续深化做好统筹城乡发展这篇文章。

借力国家级农村综合性改革试点，嘉善精耕乡村振兴"试验田"，不断缩小城乡差距。推进"浙北粮仓"核心区建设，实现粮食总产量14.5万吨以上，打造农业现代化金名片。

各个乡镇（街道）也在谋划更多出路：魏塘街道依托中新嘉善现代产业园，打造"万亩千亿"新产业平台；罗星街道的中国归谷嘉善科技园拥有数字经济企业近400家；嘉善经济技术开发区（惠民街道）夯实全县工业经济主平台地位，辖区高新技术产业增加值占比超过85%；西塘古镇景区2023年接待游客近1000万人次；姚庄镇规上工业产值连续突破400亿元和500亿元大关；陶庄镇实现上亿美元项目零突破；干窑镇建设农旅融合式"共富工坊"，打造欢乐羊村，推动当地农村居民财产性收入提升10%以上；天凝镇高标准打造"天凝时光·十分杏福"和美乡村示范片区；大云镇的歌斐颂巧克力小镇每年吸引约200万人次游客。

江海洋提到，2023年前三季度，嘉善旅游人次突破1300万，提前实现"千万游客"目标，接下来要向一年2000万人次的游客量迈进。"要以打造国家级旅游度假区为抓手，力争2025年拉动文旅发展再上一个台阶。"

"蛋糕"越做越大，紧跟着来的，就是如何分好"蛋糕"。

谈到缩小三大差距的具体举措，江海洋说："一方面，不断通过以城带乡、以工促农，增加农村居民的收入；另一方面，通过医共体等建设，实现公共服务城乡均等化。"

城乡高质量发展，也吸引了46万—48万的外来人口。"五湖四海一'嘉'人，要让新居民更快更好地融入嘉善，感受嘉善的温暖。"江海洋说。

2023年11月，嘉善举办第七届善文化节。善文化，是嘉善特有的地方人文精神和县域文化核心品牌，善文化建设被中央文明办列为培育和践行社会主义核心价值观的重点工程。

积极推进"双示范"建设，不断提升城市能级。新发展阶段，"三篇文章"依旧是嘉善改革发展的"金钥匙"。这个地嘉人善的县域，正向着"展示窗""试验田""桥头堡"的新使命新定位稳步迈进。

读端 | 嘉善何以当好示范生？
胡小武：县域高质量发展的生动样本

南京大学城市科学研究院执行院长胡小武

嘉善是全国唯一的县域科学发展示范点，是长三角生态绿色一体化发展示范区的重要组成板块，近年来的创新发展、东向战略和城乡融合发展都取得了可喜的成绩，经济总量持续增长，城乡统筹水平进一步提高，生态发展能力进一步增强，可谓中国县域高质量发展的生动样本。

嘉善作为沪、苏、浙三地交汇中心的南部板块，拥有十分便利的区位优势，不仅交通区位好，经济区位、工业区位、文化区位、生态区位优势也都十分明显。

下一步，嘉善可以将自身多重区位叠加的优势利用好、发挥好，持续深化发展方式创新，深度推动东向战略，连接上海发展资源，深耕城乡统筹发展，做好城乡融合这篇大文章。要积极利用产业更新机遇，提升先进制造业的比重，夯实现代工业强县目标；全面利用大上海的游客资源，加强全域城乡文旅融合战略，利用文化旅游休闲产业，盘活乡村发展资源；加快生态绿色发展步伐，提升城乡生态环境水平，为绿色嘉善、美丽嘉善、幸福嘉善保驾护航，全面筑牢嘉善在"双示范"中争做"优等生"的底气。

安吉：绿色发展，安吉探新路

扫一扫，看视频

本期访谈由姜军对话湖州市委常委、安吉县委书记杨卫东，双方就"绿水青山就是金山银山"转化、共同富裕、产业转型等话题，畅谈安吉绿色发展的故事和经验。

问：安吉是"绿水青山就是金山银山"理念的诞生地。在新时代，安吉践行"绿水青山就是金山银山"理念有何新举措？

答：18年来，我们坚定不移践行"绿水青山就是金山银山"理念，走绿色发展之路。在新时代，如何拓展"绿水青山就是金山银山"转化的通道是关键。

第一，不断提升经济的"含绿量"，激活沉睡的资源，持续打开生态资源高效转化的新路径。2022年以来，我们探索了林地空间治理、土地生态溢价机制等一系列改革，唤醒更多沉睡的资源。

第二，不断提升经济的"含金量"，在生态资源转化过程当中，让老百姓有实实在在"真金白银"的获得感。我们依托良好的生态禀赋，谋划实施了"两入股三收益"等利益联结机制，也就是让村集体和村民通过资源、资产入股，在"家门口"拿租金、挣薪金、分股金，从而实现发展与惠民的有机融合。

第三，不断提升经济的"含新量"，让新经济、新青年双向奔赴，为安吉经济发展提供强大的动能。我们通过开辟基金招商、基石投资的新赛道，引进了能链智电、梅斯健康等42个新经济产业项目，其中7家企业已上市。人才是第一资源，掌握流量才能赢得未来。对此，我们把招引10万名青年大学生作为第一战略目标，并配套出台了一批引才政策。

问：安吉在"绿水青山就是金山银山"理念指引下，如何推进共同富裕？

答：聚焦"千村示范、万村整治"工程再深化，我们初步探索出一条"531"中国式现代化乡村路径，即通过提升五大乡村能级、触发三大革命、实现乡村振兴，推进共同富裕。

五大乡村能级：第一是提升人居环境能级，让美丽乡村变得更干净；第二是提升基础设施能级，满足现代人对交通、网络等基础设施的需求；第三是提升公共服务能级，在乡村就学、就医也很方便；第四是提升文化风尚能级，努力挖掘乡村文化底蕴，让乡村变得更有人文味道；第五是提升融合治理能级，让原乡人、归乡人、新乡人、旅乡人等和谐地生活在一起。

三大革命，即产业革命、人才革命和运营革命。把美丽乡村能级提升了，产业和人才就来了，再以市场化思维开展全域乡村运营，奋力探索中国式现代化乡村路径。

问：您说产业转型升级是安吉的一道必答题，那么这道必答题的答案是什么？

答：答案就是，我们要走绿色发展的路子。

目前安吉的传统产业，如以椅业为代表的绿色家居产业，正在向智能制造、向国内国际双循环转型。同时，顺应数字化、信息化、智能化发展潮流，我们大力发展生物医药、电子科技、高端装备制造、新能源、元宇宙等新经济产业。安吉县已累计引进新经济产业项目42个。

随着全域美丽乡村的建设、全域旅游的进一步深化，实际上整个安吉就是一个大景区。这为我们发展新经济奠定了良好的基础。我们提供"大自然工位"，让年轻人拎着包、带着电脑，把工作岗位搬进绿水青山，实现"在旅行时办公,在风景里成功"。

我们相信,安吉只要沿着"绿水青山就是金山银山"这条路坚定不移地走下去,一定能够取得更大更好的成绩。

问:安吉提出生态立县、工业强县、开放兴县,三者是什么关系?

答: 生态立县、工业强县、开放兴县三者是有机统一的。生态立县是根本,是底座,是底色。工业强县也可以说是制造业强县,大家都知道工业是经济的主战场,发展工业不能走传统的粗放型增长路径,要走绿色发展的路子。生态立县是前提,指引我们工业强县要走绿色发展的路子。开放兴县是工业强县的保证和保障。只有走开放的路子,才能促进经济可持续高质量发展。安吉就是这样做的。安吉是外贸大县,我们的绿色家居,特别是椅业,占全国出口市场的50%。现在我们响应中央的号召,以构建国内国际双循环大市场来走好转型之路,在占领国内市场的同时,还要占领国际市场,这实际上是另一种形式的开放。同时还要响应浙江省委"地瓜经济"的号召,"地瓜经济"也是一种开放型经济,着眼于全国,着眼于全球,让藤蔓延伸至全国乃至全球。

问:作为县委书记,怎样在前任的基础上继承和创新,实现一任接着一任干?

答：作为县委书记，一张蓝图绘到底，一任接着一任干是应有的政治担当和政治品德。一个地方，只要把认准的坚持不懈地干下去，一定能够出成效，就怕忽东忽西忽前忽后，对地方经济社会发展是非常不利的。这么多年来，安吉历届县委、县政府就是沿着"绿水青山就是金山银山"的路子，坚定不移地走下来。我们2001年提出生态立县，到现在20多年，始终把生态立县放在首位，但具体工作中又有侧重。安吉是美丽乡村的发源地，上一届县委提出了最美县域的奋斗目标，我们这一届县委也是要传承和创新的。我们征求了多方意见，大家都觉得安吉全域很漂亮，但是安吉的县城跟兄弟县去比，有些方面落后了一点。特别是我们在长三角这样的核心区，科创元素不多，所以我们这一届县委坚持生态立县，坚持全域美丽不动摇，同时又有创新，要高质量建设国际化绿色山水美好城市。实际上是一脉相承的，在一脉相承的基础上又有创新，有侧重点。

问：县委在四套班子里面怎样起到统揽全局、协调各方的作用？

答：县委的主要作用就是谋划发展，把握全局。我们怎样团结带领四套班子，把一个地方的事业干好，关键还是用共同的事业来凝聚人。我们这一届县委的奋斗目标不是县委单独提出的，前期经过很多考察、座谈、会议，大家都觉得我们安吉县城是落后了一点，所以我们提出了高质量建设国际化绿色山水美好城市的奋斗目标，大家都很振奋。我们就用这样的奋斗目标，这样的事业，来统一四套班子的思想，凝聚人心。

问：您认为应该怎样处理好县委书记和县长的关系？

答：县委书记和县长是非常重要的两个角色。我当过县长，也当过县委书记，体会比较深。我觉得要从一大一小两个方面来分析。从大的方面来讲，我们是为了一个共同的目标来到一起的，是为了实现一个共同的事业走到一起。事业为先，所以不可能有矛盾，因为我们的事业是统一的。从小的方面来讲，在一起工作是什么关系？是同志加兄弟的革命友谊关系。在这样的前提下，没有什么事情是不能沟通的。

问：能不能给我们讲讲您印象深刻的一件突发事件？

答：2023年我们突遇雷暴天气，如果你没有在山区工作的经验，你很难想象。县城里风平浪静，但是因为安吉历史上这种经验教训很多，所以大家还是保持高度警惕，我们全体干部到岗到位。在这次雷暴天气中，降雨量较大，造成了山体滑坡，洪水泛滥，冲毁了好几条公路，幸好我们全面处置到位，没有人员伤亡。应急处置当中，一是要怀着敬畏之心，不能麻痹大意，要高度重视，时刻绷紧弦；二就是具体工作上要快，快速部署，快速处置。比方说要转移，要跟时间赛跑，那么决策就要快，不能贻误战机，然后要部署快，下面的同志要执行快，该转移的转移，该处置的处置。整个工作链条上要突出一个"快"字。

【采访手记】

安吉是"绿水青山就是金山银山"理念的诞生地。对话湖州市委常委、安吉县委书记杨卫东,"绿水青山就是金山银山"理念在新时代如何创新实践是首个话题。

2020年3月20日,习近平总书记考察安吉时指出,"美丽乡村在这里真正实现了"。那么,美丽乡村与共同富裕是怎样的关系呢?在产业转型升级过程中,如何增强经济发展的"含绿量""含金量""含新量"?生态立县、工业强县、开放兴县如何辩证统一?黄杜村一片叶子的背后又有怎样的故事?

杨卫东书记如数家珍,并且向青年英才们发出了邀请:"来了就有钱,来了就有房,来了就有伴",绿水青山之间,年轻人来这里就能实现"在旅行时办公,在风景里成功"。

安吉县委书记杨卫东：
让绿水青山成为共富路上的金山银山

潮新闻记者 薛昊悦 王晶 沈洁

在中国的生态文明画卷里，安吉的一抹绿色格外醒目。

2005年，时任浙江省委书记习近平来到安吉余村调研，首次提出"绿水青山就是金山银山"理念，给当时的安吉坚定"生态立县"发展战略吃下了"定心丸"、送来了"金钥匙"。18年后，昔日灰头土脸的小山村蝶变成优美宜居的生态村，浙北的小县城打造出共同富裕的"安吉样本"。

"这些年安吉发展的核心密码，就是我们始终把绿水青山作为最大优势、最宝贵资源，把践行'绿水青山就是金山银山'理念作为不断取得发展进步的最大底气。"2023年11月，在接受浙江日报报业集团社长、党委书记姜军访谈时，湖州市委常委、安吉县委书记杨卫东这样说道。

小县城的青绿底色

很多人初识安吉，也许是因为千禧年上映的电影《卧虎藏龙》。影片中，周润发和章子怡一袭素衣，在碧波翻涌的竹海中斗剑，一场打戏不仅成就了影史经典，而且让取景地安吉名声大振。

也是在2000年，安吉开始酝酿"生态立县"发展战略，顶着巨大的压力开展了铁腕治污，逐步关停矿山、水泥厂等严重污染企业。但这一关，老百姓的生计没了，财政收入少了，传统的发展路走不通了。

要生态，还是要发展？

2005年8月15日，时任浙江省委书记习近平在安吉余村考察的时候，首次提出"绿水青山就是金山银山"理念，深刻阐释了生态环境保护和经济发展辩证统一的关系，给余村、给安吉指明了一条绿色发展道路。

此后的故事为人们所熟知：安吉的山青了，水绿了，村庄变美了，游人变多了，老百姓的腰包又鼓起来了。2023年8月15日，首个全国生态日主场活动在浙江湖州举行，安吉的"好日子"成了全国的"大日子"。作为绿色发展先行地，新时代的安吉如何提高发展的"含绿量"？

"打'创新牌'，吃'改革饭'。"杨卫东在访谈中说道。依托良好的

安吉余村五彩稻田画（殷兴华摄）

安吉县灵峰街道美丽的大竹园村（殷兴华摄）

生态资源，安吉打造了竹林碳汇、安吉白茶、全域旅游等一批特色产业。2023年，安吉更是在林地空间治理、土地生态溢价、区域公用品牌"安吉优品"打造等一批改革实践上持续发力。

2022年，素有"中国第一竹乡"之称的安吉，全县竹产业总产值近166亿元，以全国1.8%的立竹量创造了全国10%的竹业产值。小竹子撬动大产业的支点，是产业链的优化升级。

杨卫东介绍，安吉在山上新改建了1012千米林道，打通竹材砍伐运输的通道，在山下规划建设119个竹材分解点，方便竹材的粗加工。与此同时，在培育发展耗竹企业上，形成一条完整的竹产业链，从"以竹代塑"的竹制餐具，到特色竹饮，再到竹制新材料，切实将一根竹子"吃干榨尽"。

竹林之外，安吉也在探索唤醒更多沉睡的资源，比如用水权改革。"我们对全县389座山塘水库用水权进行评估，形成170多亿元的资产，通过探索用水权交易，未来将为村集体和老百姓创造可持续的收益。"杨卫东说。

2023年9月，第十八届世界水资源大会在北京召开。会上，安吉县水资源价值转化改革成果亮相全球，展示了水资源价值转化的中国方案。

依托山水之美，安吉还在大力拓宽文旅产业的发展路径。2023年夏天，安吉先后举办大麓青年音乐节和长三角露营大会，多种形态的文旅融合产品叠加创意活动，持续引爆乡村旅游。访谈中，杨卫东提到一组数据，2023年上半年，安吉接待游客1635.2万人次，实现旅游总收入225.2亿元，"全县旅游迎来了爆发式增长"。

"样本县"的共富成色

就在2023年国庆长假，安吉梅溪镇红庙村的网红咖啡馆深蓝计划打破了一项全国纪录：10月2日当天，店里卖出咖啡7132杯，刷新了全国单日单店咖啡销售纪录。得益于安吉谋划实施的"两入股三收益"利益联结机制，每卖出一杯咖啡，红庙村就能获得49%的分红。

"所谓'两入股三收益'，是安吉依托良好的生态禀赋，在农村广泛推行的一种合作模式。也就是让村集体和村民通过资源、资产入股，在'家门口'拿租金、挣薪金、分股金，从而实现发展与惠民的有机融合。"杨卫东介绍。

这是安吉提高发展"含金量"、探索生态富民系列举措的一个生动案例。2023年9月，习近平总书记在浙江考察时强调，要全面推进乡村振兴，积极发展乡村特色产业，深化"千村示范、万村整治"工程。作为中国美丽乡村发源地，近年来，安吉立足高起点，致力于探索一条中国式现代化乡村路径，打造共同富裕的"安吉样本"。

眼下，越来越多的乡村资源得到盘活和开发，为农村发展和百姓共富赋能。有"安吉小瑞士"之称的夏阳村，因绝美露营地走红，村里鼓励农户通过土地等资源、资产入股，涉及的农户每年可以收入1000元/亩的租金和1000元/亩的分红；全村60周岁以上老人，统一购买大病统筹保险，70周岁以上老人，统一组织肿瘤体检；户籍在本村的村民，每年能领到300元的生态保护奖励金。

"预计2023年，夏阳村营地旅游总收入将超过1500万元，村集体经营性收入将从2020年的8万元提升到230万元。"杨卫东说。紧密的利益联结机制，联到了老百姓心坎上，村里人心齐了、信心足了，发展的劲头也就更强了。

更令人振奋的是，近些年，在安吉落笔的共富图景已铺得越来越广阔。2018年，安吉县黄杜村党员收到习近平总书记"吃水不忘挖井人、致富不忘党的恩"的回信勉励。此后，安吉陆续向贵州普安、沿河、雷山，四川青川，湖南古丈三省五县捐献茶苗3525万株，还与受捐地签订了合作备忘录，鼓励当地百姓反租倒包茶园，合作共建"白叶1号"品牌，效果立竿见影。2023年，受捐地"白叶1号"累计产值超过2700万元，销售均价近1200元/斤，单价已经接近甚至超过安吉原产地，切实实现了"一片叶子再富一方百姓"。

绿水青山添"新"色

青山不老，绿水长流，发展的脚步不能停歇。

2021年底，安吉县第十五次党代会上，高质量建设国际化绿色山水美好城市的发展愿景被正式提出。新时代的安吉，野心很大，底气何来？杨卫东提到了两个"新"：新经济、新青年。

2022年6月，总部位于安吉的能链智电在纳斯达克敲钟上市，成为中国充电服务第一股，也标志着安吉县正式开启新经济发展的元年。此后短短一年多时间，安吉引育的新经济上市企业已达7家。截至2023年9月30日，能链智电累计覆盖充电枪超过76.7万把，连接充电站超过7.3万座，2023年第三季度充电量占中国公用充电量21.8%。

"能链智电这类企业，'藤蔓'覆盖全世界，但'根茎'始终在安吉，是典型的新地瓜经济，也是典型的总部经济。"杨卫东解释，所谓"新经济"，就是一种创新经济、活力经济，也是地瓜经济、总部经济，更是年轻人经济、人才经济。"总的来说，新经济是基于数字经济的，是具有区别于传统产业的新产业、新业态、新模式，我们相信未来发展潜力无限。"

山水之间涌流的青年人才，则是安吉的另一番好风景。2023年，安吉把招引10万名青年大学生作为县域经济社会发展的第一战略目标，源源不断地将生态环境优势转化为对人才集聚类项目和高校毕业生的吸引力。

"来了就有钱，来了就有房，来了就有伴。"杨卫东一句话道出了安吉全方位的人才保障体系。"比如说，一名普通本科毕业生，来到安吉就业创业，来了就有钱，只要申请一次，每月就能享受1500元的各类补贴，连补2年；来了就有房，我们推出了共有产权房，不用30%首付，直接按揭还款，还有15万元的房补月充；来了就有伴，年轻人在这里每天有运动、每周有聚会、每月有活动。"

如今，行走在安吉的乡村，处处都能感受到蓬勃的青春活力。乡镇（街道）布局建设了一批青年集聚、各具特色的"百人楼""千人园""万人社区"，定期开展创业创新大赛。安吉大余村积极投身"在湖州看见美丽中国"实干争先主题实践，创新发起了"余村全球合伙人"计划，盘活闲置空间，建设青年人才社区青来集，2023年6月，青来集正式开园，已有 1000 余名大学生在这里创业。安吉溪龙乡自 2022 年以来就集聚了一大批"数字游民",他们无须固定工作地点,通过互联网就可以上班,实现了"在旅行时办公,在风景里成功"。

杨卫东表示,未来,安吉要力争实现三个"1"的目标,即招引新经济企业 100 家、实现营收 1000 亿元、集聚新经济领域青年人才 1 万名,努力让新经济的星星之火在安吉大地形成燎原之势。

"当前的安吉,正在深入推进中国式现代化县域实践,高水平打造生态文明典范城市先行区,高质量建设国际化绿色山水美好城市。"访谈的最后,杨卫东也发出了诚挚邀请:"在湖州看见美丽中国,到安吉潮涌绿色未来,一年四季,安吉等着你!"

青年人才社区青来集(安吉县委宣传部供图)

读端｜安吉走出绿色发展新路

金佩华：以全域乡村运营探索中国式现代化乡村路径

湖州师范学院党委书记、"两山"理念研究院院长金佩华

安吉在新时代如何创新实践"绿水青山就是金山银山"理念，在生态资源转化方面，有哪些探索、经验和成效？

安吉县近年来不断提升经济的"含绿量"，激活沉睡的资源、资产，持续打开生态资源高效转化的新路径；不断提升经济的"含金量"，在生态资源转化过程中，让老百姓有实实在在"真金白银"的获得感；不断提升经济的"含新量"，让新经济与新青年双向奔赴，为安吉经济发展提供强大的动能。可见，作为"绿水青山就是金山银山"理念诞生地，安吉在探索"绿水青山就是金山银山"理念转化方面再次引领全国、走在前列，开拓了新路径、创设了新机制、积蓄了新动能，逐步实现了从美丽乡村向美丽经济蝶变、从政府输血向市场造血质变、从零星分散向整村重组聚变、从个体自转向合伙公转蜕变的四大转变。而有效转化和成功转变的关键抓手是近几年安吉大胆探索的全域乡村运营。

早在20年前浙江省"千村示范、万村整治"工程启动会上，时任浙江省委书记习近平同志就提出，"要把整治村庄和经营村庄结合起来"。乡村运营实际上就是"经营村庄"理念在安吉大地的生动实践，是把美丽乡村转化为美丽经济、把绿水青山转化为金山银山的有效路径，其运用市场经济手段让乡村资源变现，创造美丽乡村的价值。

近几年浙江安吉和临安等地作了有益的探索，取得了许多经验和成效。安吉的全域乡村运营，就是由县政府政策引导，由村集体独资或与运营企业联合成立专业运营公司，通过整合和运作乡村各方资源要素，实现资源变现、产业兴旺、农民增收和乡村发展的市场化经营管理方式。

在深入践行"绿水青山就是金山银山"理念的过程中，安吉率先探索全域乡村运营，实施资源一张图、政策一盘棋、经营一条链、民心一杆秤、治理一张网、共富一本账的"六个一"基本做法，形成全民参与、全链覆盖、全球合伙、全面发展的新格局，有效促进生态产业化、产业生态化，为创新"绿水青山就是金山银山"理念转化新路径、新模式提供了安吉经验和安吉方案。

全国首个"镇改市"龙港：
改革探路，跨越前行

扫一扫，看视频

本期访谈由姜军对话温州市龙港市委书记何宗静，双方就撤镇设市、大部制、扁平化改革等话题，畅谈浙江省最年轻县级市的跃升与变迁。

问： 从"小渔村"到中国第一座"农民城",再到全国首个"镇改市",龙港撤镇设市以来,发生了哪些深刻变化?

答： 撤镇设市以来,龙港实现从"新生城市"到"新型城市"的华丽蝶变。

一是重点改革从"先行探索"迈向"全国经验"。我们推动全员改革、全域攻坚,形成"一枚印章管审批""一支队伍管执法"等标志性改革成果。目前,已承接5项国家级、30项省级改革试点,7项改革经验先后被国家部委肯定推广。

二是产业布局从"块状分布"迈向"链群发展"。我们突出"谋大招强＋增资扩产"双轮驱动,做大印刷包装、新型材料、绿色纺织等三大百亿级产业集群,培育数字经济、智能装备、新能源等三大重点新兴产业。GDP增速连续6个季度位居全省前十。

三是城市品质从"滨江之城"迈向"瓯越明珠"。我们坚持以"百年大计"理念推进规划建设,全面构建"一轴一带一新城"拥江面海发展格局,联动推进"老城复兴、新城崛起、乡村振兴",城乡面貌焕然一新。

四是民生优享从"基本服务"迈向"全龄友好"。我们坚持每年将80%以上的财政收入用于民生事业支出,联动推进基础设施和公共服务补短提质,高标准建设"教共体""医共体"等,基本建成全域"15分钟公共服务圈"。

问： 龙港是目前国内唯一实行"大部制、扁平化"基层行政管理模式的县级市,这种管理体制有什么优势?目前取得了哪些成效?

答： "大部制、扁平化"的最大亮点和最大难点就是,如何以40%的行政资源,承接100%的行政管理职能,服务好近47万常住人口。

设市以来，我们在严控机构、人员编制的前提下，对体制机制进行系统性、集成化变革重塑，着力破解"乡镇缺层""事多人少"等难题，走出了"小政府、大服务"的高效运转新路子。

总结起来就是：不建机构建机制、不坐机关坐社区、不靠编制靠智治。

不建机构建机制，重塑性推进"小政府、大服务"大部制改革。推动城市管理、企业发展、个人服务等领域机构职能调整、流程再造，全市仅设6个党委部门、9个政府部门、6个事业单位，现有党政干部1761人，党政机构和人员数量较同类县（市、区）缩减60%。

不坐机关坐社区，变革性推进"市直管社区"扁平化改革。龙港不设乡镇、街道层级，以党建联建为抓手，实施全域社区化、网格化改革，实现90%以上事件在社区层面就近从快解决。

不靠编制靠智治，创造性推进"全域整体智治"的数字化改革。我们推动社会治理、城市运行、智慧城市建设"三个中心"一体融合建设，实现城市运行"全域感知"和城市治理"一网统管"。

问：40年前，龙港人用"合伙精神"创造了轰动全国的"农民集资造城"的传奇。在新时代，龙港如何创造新的传奇？

答：当前，龙港正处在城市加速发展的时代风口，想要续写传奇，关键是实现产业链、创新链、人才链的深度融合，为各方人才施展才华提供更加广阔的发展空间。龙港是浙江最年轻的县级市，同时也是年轻人的城市。龙港的人口结构非常"年轻"，青年户籍人口占比远高于全省平均水平。青春孕育无限希望，我们以"青年理想地"为城市文旅概念打造系列青年IP，希望有更多青年才俊来到这座城市，以"城市合伙人"的身份，"来龙港、致青春、创未来"，与城市形成深度捆绑，共创共享、共生共荣。

问：您对县级媒体融合怎么看？有什么要求或者希望？

答：对龙港来讲，媒体融合很重要。一是龙港脱胎于乡镇，宣传底子比较薄；二是龙港的改革发展需要外界的鼓与呼，需要凝聚各方力量来共同推动。这几年，我们龙港融媒体中心一方面加强跟省、市主流媒体的合作，获取更大的能量来推动我们的改革发展；另一方面在内部也作了一些改革，推行"工作室＋模块"运行模式，实行大宣传动员一体化体系。我们宣传部人手有限，把宣传部的宣传职能跟融媒体的新闻职能结合在一起，这样就可以提前谋划，同步执行，思考与行动结合得更紧密。

【采访手记】

　　温州龙港市是浙江省最年轻的县级市，对话温州市龙港市委书记何宗静，有了诸多崭新的话题，我们的对话以"关键词"的新形式展开。

　　"变化"——从"小渔村"到中国第一座"农民城"，再到全国首个"镇改市"，龙港撤镇设市以来，发生了哪些深刻变化？

　　"体制"——作为目前国内唯一实行"大部制、扁平化"基层行政管理模式的县级市，优势是什么？问题又是什么？

　　"秘诀"——撤镇设市4年来，龙港经济社会快速发展，跃升至全国县域发展潜力百强县第34位，秘诀是什么？

　　"传奇"——40年前，龙港人在荒凉的滩涂上，以"合伙精神"创造了"农民集资造城"的传奇，在新时代如何创造新的传奇？

　　"文明"——作为一座新兴的城市，如何塑造城市文明？

　　……

　　何宗静书记干脆利落，妙语如珠。

龙港市委书记何宗静：
青春龙港，你一定会爱上这里

潮新闻记者　蓝　震　殷诚聪　　　通讯员　林大阔

生活中，每一个努力向上的人，都让我们肃然起敬。温州龙港，一座浙南小城，同样书写着一篇城市发展的励志故事。

1983 年，龙港从鳌江南岸滩涂港湾上的 5 个小渔村起家，到创造中国第一座"农民城"，再到全国首个"镇改市"、浙江最年轻的县级市，40 年间，龙港一直做着"城里人"的梦，在披荆斩棘的路上，不断承载梦想、创造传奇。

撤镇设市改革，是党中央、国务院交给龙港的重大政治任务，寄托着习近平总书记的殷殷嘱托。一转眼，龙港撤镇设市也已过去 4 年。

"40 年前，龙港人用'合伙精神'创造了轰动全国的'农民集资造城'的传奇。在新时代，龙港如何创造新的传奇？"2023 年 11 月，在接受浙江日报报业集团社长、党委书记姜军访谈时，温州市龙港市委书记何宗静说："来龙港、致青春、创未来。"

从"新生"走向"新型"

聚光灯下的龙港，一举一动都受人关注。

2019 年 9 月 25 日，被誉为中国第一座"农民城"的龙港迎来了又一次历史性跨越——龙港市正式成立，有人形容为"蛟龙出港"。作为全国首个"镇改市"，龙港承担起为全国新型城镇化综合改革探路的特殊使命。

访谈中，姜军向何宗静抛出 13 个关键词，第一个关键词就是"变化"。

龙港城市雕塑"龙腾之印"（池长峰摄）

"龙港设市以来，我们始终牢记习近平总书记'两次考察、圈阅设市'的殷殷嘱托，在省市党委、政府的坚强领导和大力支持下，一路披荆斩棘、勇毅前行，经受住了开局组建、疫情防控、改革发展等多重压力和考验，实现了从'新生城市'到'新型城市'的华丽蝶变。"

何宗静说，2023年前三季度龙港实现地区生产总值293.01亿元，同比增长9.5%，GDP增速连续6个季度位居全省前十，获省政府督查激励、温州市投资"赛马"激励。

除了数据上的直观变化，很多是看不见的隐形变化。对于一座新生城市而言，作为第一个吃螃蟹者，从"新生"走向"新型"，温州市龙港是在走前人未走之路。

如何以40%的行政资源，承接100%的行政管理职能，服务好46.94万常住人口？何宗静说，设市以来，龙港在严控机构、人员编制前提下，

龙港市九龙河社区（池长峰摄）

对"大部制、扁平化"体制机制进行系统性、集成化变革重塑，着力破解"乡镇缺层""人少事多"等难题，走出了"小政府、大服务"的高效运转新路子。总结起来就是：不建机构建机制、不坐机关坐社区、不靠编制靠智治。

这种变化，还体现在民生上。龙港设市以来，坚持每年将80%以上的财政收入用于民生事业支出，以"全域均衡、全龄友好"为导向，联动推进基础设施和公共服务补短提质，高标准建设"教共体""医共体""养共体""文共体"，基本建成全域"15分钟公共服务圈"。

比如，在教育方面，龙港引进华东师范大学的资源，开展新城中小学全阶段合作办学，新（改、扩）建学校68所，新增学位2.66万个，学前教育普惠率从64.2%提高到95.4%，中高考成绩连创新高；在医疗方面，联合温州医科大学附属第一医院共建龙港院区，省、市级专家团队常态化门诊，市域就诊率同比增长75%；在养老方面，实现机构养老带动社区养老和居家养老，原有镇级民生短板得到快速弥补。

不坐机关坐社区

2023年7月28日，省十四届人大常委会第四次会议批准《龙港市社区治理条例》(简称《条例》)。该《条例》是全国唯一一部规范"市管社区"的地方性法规,于9月25日起施行。中央党校(国家行政学院)公共管理教研部赖先进教授说:"《条例》进一步明确了撤镇设市后,'市管社区'法定职责的承接路径方式、保障措施,为龙港深化全国新型城镇化综合改革提供了有力的法治保障。"

"市管社区",怎么管?放眼全国这都是一件新鲜事。龙港经过不断实践,探索构建了"党建统领、市管社区、贯通网格、组团服务、整体智治"的基层治理新模式。

其中比较突出的做法有:市领导和部门与社区责任捆绑,实现"挂钩服务";465名机关干部不坐机关坐社区,落实下沉服务,让基层矛盾就地解决;按照"社区有需要、政府可转移、社会力量可承接"的原则,推动社区自治组织、企业、乡贤、志愿者等社会力量"多元共治"。这些都在《条例》中有所体现。

龙跃路城市书房(龙港市融媒体中心供图)

龙港江滨公园（龙港市融媒体中心供图）

"我们四套班子开玩笑说，我们既是县里的四套班子，也是乡镇干部，更是社区干部。我们每一名市领导都要联系 2—3 个社区，每个星期二基本上都要下沉到社区一线去工作。"何宗静说。

龙港辖区面积 183.99 平方千米，常住人口 46.94 万人，但全市仅设 6 个党委机构、9 个政府部门、1 个群团部门，机构数量和人员编制差不多是同类县（市、区）的 40%，形成了独有的"大部制、扁平化、低成本、高效率"模式。

如何高效？龙港大部分个人事务都能在"家门口"办理，现在龙港还在探索"流动政务客厅"下基层模式，计划每周开展一次，让行政审批变得像点外卖一样便捷。像公交卡办理、房产登记、身份证办理这种高频事项，可以做到"预约即办、现场办结、送证上门"。

在龙港，还有一个现象。很多人对各级政府部门办公场所的固有印象是，走廊通道两侧分布着一间间办公室，门口的牌子标注着各科室的名称。但走进龙港市经济发展局，就会发现每间办公室门口看不见科室的牌子，取而代之的是一个个"模块"——商务服务模块、产业培育模块、科技创新模块……

转变传统的科室运行模式，创造性地将模块作为部门基本运行单元，实施跨科室职能重塑。从某种意义上说，变刚性的科室为弹性化的组织，使大部门能根据组织需要调整模块人员结构，"对上是线状专科，对下是块状全科"，闭环处理问题，提高行政效率，缓解"人少事多"的困境。

"改革是龙港的使命和任务，同样，龙港要想赶超发展，也必须靠改革，所以改革也是必由之路。"何宗静说，截至 2023 年底，龙港已承接 5 项国家级、30 项省级改革试点，其中 7 项改革经验先后获国家部委肯定推广。

你一定会爱上这座城市

龙港作为浙江省最年轻的县级市，年轻意味着活力、创造力与无限的可能性，意味着未来和希望。

其实，这座年轻的城市，同时也是年轻人的城市。龙港的人口结构很"年轻"：2023 年，14—35 周岁的青年户籍人口为 9.68 万，占比 25.33%，远高于全省 22.02% 的平均水平。

"青春孕育无限希望，我们希望有更多青年才俊来到这座城市，以'城市合伙人'的身份，与城市形成深度捆绑，共创共享、共生共荣。"何宗静说。

"城市合伙人"，似曾相识。40年前，龙港人在荒凉的滩涂上用"合伙精神"创造了轰动全国的"农民集资造城"的传奇。2023年10月，龙港召开城市发展大会，再度招募"城市合伙人"，要打造"青年理想地"，接迎天下英豪"来龙港、致青春、创未来"。

"我们以'来龙港、致青春、创未来'为主题，以'青年理想地'为城市文旅概念打造系列青年IP，也配套推出了系列举措。"何宗静说，龙港将以最优平台集聚人才，打造"让年轻人圆梦"的地方，以最高礼遇厚待人才，打造"让年轻人向往"的地方，以最佳环境留住人才，打造"让年轻人安心"的地方。

何宗静举例说，龙港以"C位就座""上门送匾"等最高礼遇表彰优秀企业家和人才，连续4年高规格举办世界青年科学家峰会龙港专场，创新推出"人才龙港行"六大系列活动，迭代出台"人才优政50条"，用心办好人才服务"十件实事"，着力打造引才宝地。

设市以来，龙港高层次人才数、年均吸引大学生就业数较设市之初分别增长4倍、11倍，2022年一次性入选国家级"引才计划"5人。

留住年轻人的心，一定要留住年轻人的胃。当前，龙港致力于打造"港味人鲜·龙港味道"餐饮文化品牌，通过"大众评选、专家点评"，列出了"十大碗"美食榜单。

"包括酒炖黄山鱼、姜酒小黄鱼长寿面、生辰髈蹄、酒扒对蚶等特色海鲜佳肴，以及稻草绳、薛记芦浦炒米、余家慕粉干、芦浦肉饭等特色非物质文化遗产小吃，总有一款能满足你的胃！"何宗静也想通过潮新闻向天下年轻英才发出邀约，"吹着海风、伴着乡音、尝着美食，你一定会爱上这座城市。"

读端丨全国首个"镇改市"龙港探路先行
赖先进：期待为同类型区域综合改革提供更多经验

中共中央党校（国家行政学院）公共管理教研部教授赖先进

由特大镇改为县级市4年来，龙港持续深化新型城镇化综合改革，"镇改市"体制改革所蕴含的发展红利从理论构想逐步转化为现实效果，"镇改市"改革的综合效应得到了有效释放和充分展现。

在县级市新体制的赋能下，龙港在经济增长和产业发展、民生改善和公共服务、城市建设和治理等诸多领域都取得了明显的进步和跃升，"龙港现象"在新时代得到进一步彰显。

从"小渔村"到中国第一座"农民城"，再到新时代全国首个"镇改市"，龙港各方面的进步和发展体现了以改革促发展这一"龙港现象"的根本特质。

习近平总书记指出，"改革开放是决定当代中国命运的关键一招，也是决定实现'两个一百年'奋斗目标、实现中华民族伟大复兴的关键一招"。

改革对于国家发展和地区发展的重要性，无论在特大镇时期的龙港身上还是在县级市时期的龙港身上都得到了充分体现。"龙港现象"表明：改革是我国国家发展、区域发展的重要动力源；只有勇于改革攻坚、推进全面深化改革，才能进一步推进高质量发展和实现中国式现代化。

"发展出题目，改革做文章"。在新的起点上，龙港应继续围绕国家新型城镇化建设和发展的目标与使命，深化经济社会领域、城市治理领域改革，为特大镇行政体制改革、人口小县改革等同类型区域综合改革提供更多可复制、可参考的改革经验。

"小县立大志，小城创大业"的仙居故事

扫一扫，看视频

本期访谈由姜军对话台州市仙居县委书记崔波。双方就跨越式高质量发展、共同富裕、城镇化建设等话题，循迹溯源，畅谈"小县立大志，小城创大业"的仙居故事。

问：不走寻常路，不做跟跑者。仙居跨越赶超的举措是什么？

答：最迫切的任务，一是树信心、立志气，二是大发展、快发展。仙居县委、县政府提出"大刀阔斧抓工业"、冲击"工业百强县"，通过抓工业凝聚起抓发展的合力。

一是坚持"企业的问题问企业家"的工作理念。分行业召开企业家座谈会，倾听企业家最真实的声音。两年多来，解决了企业反映的共性问题26个，出台了各类涉工惠企政策30多个。

二是确保每寸用地都能发挥出最大效益和价值。一方面，要素保障真正到位，拿出空间、土地等"真金白银"优先保障工业发展，每年工业供地不少于1000亩，明确要素保障上市企业优先、拟上市企业优先、规上企业优先、亩均效益高的企业优先，2022年共完成工业供地2395亩；另一方面，和企业动真格、定目标。政府和企业就服务、建设等作双向承诺，一起定开工时间、建设周期、投产期限，一般企业应在土地摘牌之日起3个月内开工（医化企业在1年内开工），27个月内竣工，30个月内投产，确保每一亩工业用地都得到最大限度、最高效率的利用。

三是抢跑新能源动力产业的新赛道。发展工业、发力新赛道的过程中，"政府搭好台，企业才能唱好戏"，把服务贯穿于抓工业的始终。2022年，仙居落地了投资100亿元的比亚迪刀片电池项目，从签约到第一条生产线投产，不到1年时间。2023年，投资51亿元的中芯能电池正负极材料项目落地仙居，目前还有半导体等2个投资超过50亿元的大项目在对接。大项目选择落地仙居，既有仙居独特发展条件因素的吸引，更是仙居干部群众齐心努力争取的结果。

问： 仙居是全省高质量发展建设共同富裕示范区的首批试点之一，目前在哪些方面进行了探索与实践？

答： 如何增收致富、工作要从哪里抓，我们首先做的仍然是坚持"群众的问题问群众"，到群众当中找答案。为此，县四套班子带队，深入镇村进行调研，开展"共富夜谈"，把村里的乡贤能人叫回来，面对面听取建议、倾听民声，为发展支招，激发了不少新思路、好想法。比如，推出"农民持股、村集体入股"农村共富"两个计划"，增加群众和集体的持续性收入，各个乡镇（街道）都因地制宜推出"共富工程"。

"共富夜谈"中发现，仙居生态好，农产品质地优良，但农产品卖不出去。为此，仙居创新打造"神仙大农"农产品区域公用品牌，帮农民卖农产品，让好产品卖出好价钱。目前"神仙大农"线下开设 4 家实体店，有 275 个产品，覆盖全县农业从业人数的 80%。2023 年，仙居农村常住居民人均可支配收入增速居全市第一位，低收入农户收入增速居全市第一位、山区 26 县第一位。

问： 如何以浙江省城镇化建设试点为契机，打造"现代化中国山水画城市"？

答： 2022 年以来，仙居积极抢抓以县城为重要载体的城镇化建设省级试点机遇，加快仙居未来科创城建设，打造"现代化中国山水画城市"。

一是高起点规划。按照人、产、城融合的定位，把山水元素、产业元素、青年元素等一体规划进去，对整个规划作了优化调整，目前正在按照规划逐步推进。

二是高品质建设。仙居坚持以人民为中心，坚持整片开发原则，全面深化与浙江省交通集团合作，启动了总投资54亿元的片区开发项目，让新城品质更快展现出来。按照"三化九场景"标准，配套城市功能、民生保障等项目。

三是大力度聚人。仙居把集聚人口作为关键一招，提前进行谋划。2022年以来，出台了"365"计划，即用3年时间，吸引高层次人才、青年大学生、山区群众、乡贤能人、新产业工人和外来游客六大群体来仙居就业创业或旅居定居，新增主城区常住人口5万人以上。重点推进"大搬快聚"工作，也就是分步稳妥地把分散居住在偏远山区的群众转移下来，让他们在城里有个家，享受到更好的教育、医疗、生活。

问： 干事创业关键在人。仙居县在抓班子带队伍方面有哪些举措，用什么办法激发广大干部干事创业的精气神？

答： 仙居有一支好的干部队伍，这两年我们取得了一些成绩，都是仙居党员干部"蚂蚁啃骨头"一样干出来的。有四个方面我们一直在实践。

第一，有事干干成事。我们县委、县政府通过深入的调研思考，把准方向，谋划具体的工作和项目，提出党员干部们跳起来够得着的目标，分解成清单，让我们每一个干部去干，每一个人肩上都有任务。第二，手把手带着干。共产党员的干部干什么？"同志们，跟我上！"我是冲在前面的，而不能成为"同志们，给我上！"这是不行的。我们不能脱离干部，不能脱离问题，要保证大家齐心一致同向往前跑，率先垂范，以上率下做好每一项工作。第三，想办法勤督促。不能当甩手掌柜，安排了任务，半个月后问一下是不行的，要勤督促，形成工作闭环。我们2022年第一季度开始设立"仙居督查快报"，有表扬，有批评。比方说，姜社长，我的表扬信发到你家人那儿去了，然后亲戚朋友讲县里表扬了，效果多好，正向激励很明显。第四，大胆地用和无为问责。用干部这种正确用人导向，是激励干部队伍不断向前、工作不断前进的很好的招数，但是也得有反向的制约。我们设计了中层干部"三跨"交流，跨乡镇、跨部门、跨领域，允许干部犯错误，也要允许干部改正错误。

问：作为县委书记，重大决策定了以后，怎样作动员、作部署、抓落实？

答：第一要统一干群思想，我们始终强调"小县要有大志气、小城也能创大业""有第一就争、见红旗就扛"，敢于领跑、善于领先，真正树立"不抓落实就是白干"理念。第二要精心设计工作抓手，我们始终突出效果导向，对每项工作的落实、每次会议（活动）的举办，都精心谋划、创新方法、打破条框，确保作用能最大限度发挥、效果能达到最佳最优。比如，为建强基层基础，我采取最"笨"但最扎实的方式，部署开展了基层党建"一月两镇三提升"活动，"蚂蚁啃骨头"一样，一个点一个点看过去，一个村社一个村社提起来，坚持几年下来，仙居的基层党建水平肯定会有大提升。第三就是要营造比拼氛围，我们没有"谈笑间，樯橹灰飞烟灭"的本领，有的是"蚂蚁啃骨头"的毅力，我们创新推出"九个一"督查工作机制，实施政府、企业"双向专班"项目推进机制，还推广"小太阳工作法"，发扬"钉钉子"精神，确保干一件成一件。第四要强化工作闭环，抓工作有部署、有推进、有督查，经常开展直插一线的指导和不打招呼的"回访"，打通抓落实的"最后一公里"。

问：怎样做到一任接着一任干，对前任的思路继承和创新？

答：我的理解，变与不变，就是县委书记继承与创新的秘诀。比如，历届县委提出建设"中国山水画城市"的战略目标，很符合仙居的城市定位，不能变。但是，经济社会发展了，有新的技术条件、外部条件，可以把仙居发展得更好，那我们就要结合仙居实际和县域发展现状，将这个战略目标调整为"现代化中国山水画城市"，提出打造智造仙居、康养仙居、温暖仙居、大气仙居等"四个仙居"的战略抓手，构筑县域高质量跨越式发展的"四梁八柱"，赋予它更加饱满的工作内涵，这就是新的变化，也是继承式发展。

问：能不能跟我们分享一件突发事件的处置过程？

答：有一次，我在高速上接到电话，说一家化工企业着火了。我心里一咯噔，立刻决定改变行程安排，直接奔赴现场。我是到现场的第一个县领导，我立刻在该企业隔壁的企业成立临时指挥部，统筹协调应急救援工作。第一件事是明确责任分工，成立应急救援、人员疏散、交通管控、舆情监测等工作组，明确牵头组长和协作机制；第二件事是调配资源，召集一切可以利用的力量，县四套班子成员，乡镇和部门的干部，消防车、无人机、对讲机等应急物资，最短的时间内到位；接下来就是大家按照职责分工稳步推进了。陆陆续续地，消防车、救护车来了，分管工业的副县长，公安局局长，常务副县长都到了，指挥部建立并正常运转起来了。像这样的场合经历了几次后，

> **我感觉现场指挥有两样东西很重要**：一是无人机要马上就位，无人机在上面看，便于掌握全局和指挥；二是对讲机要发下去，解决时时沟通的问题。这种急难险重的事情，一定不能慌。我平时讲话很快，但是那个时候我就故意放慢语速，让大家知道事情可控，没什么大问题。等消防大部队一到，我就不发布应急救援方面的具体指令了，我只管外部秩序，管物资，后勤保障，专业的事交给专业的人了。这场火，不到 4 个小时就控制住了。

【采访手记】

2022 年正月，台州市仙居县委书记崔波带队赴偏远乡镇安岭"围炉夜谈"，催生了仙居农业区域公用品牌"神仙大农"，带动全县农民增收致富，由此也开启了高质量推进共同富裕示范区建设试点的深入探索与实践。

不走寻常路，不做跟跑者的仙居，"小县立大志，小城创大业"，在产业上布局新能源动力新赛道，在城市建设中紧紧抓住省级城镇化试点的契机，打造"现代化中国山水画城市"。

面对拆迁这个"天下最难事"，仙居以"大兵团"攻坚、小单元"作战"，创造了"一小时工作法""小太阳工作法"，使得大项目及时落地，重大城市基础设施建设顺利推进。

作为浙江省第六批对口支援援藏干部之一，崔波书记对"苦"有自己的感悟：如果天天想着苦，那是苦上加苦；如果换一个角度，"苦"是另一种"甜"。

仙居县委书记崔波：
书写"神仙居"的共富故事

潮新闻记者　袁华明　董　洁　徐子渊　　通讯员　应芳露

提到仙居，很多人首先想到的是神仙居景区，让游客实现"无痛爬山"的山体电梯、像一把玉如意横卧大山之间的如意桥……这些景点在2023年都刷爆了社交网络，令人神往。

仙居被誉为"神仙居住的地方"。走进仙居，就如徐徐展开一幅绿水青山的美好画卷，不仅有远山含黛、近水含烟的秀丽山水，更有"产城人文景"深度融合带来的生机活力。

在打造高质量发展建设共同富裕示范区山区样板的过程中，"我们始终坚持做什么事找什么人商量，大家朝着共同的目标，劲往一处使"，2023年11月，在接受浙江日报报业集团社长、党委书记姜军访谈时，台州市仙居县委书记崔波说道。

问计于群众：谈出村民共同富裕新点子

从仙居县城出发，驱车要一个半小时才能到达最西边的安岭乡。安岭乡是台州市最西部的乡镇，处于台州、丽水、温州三市交界处，平均海拔500米以上，是典型的"九山半水半分田"山区乡。这里青山连绵，溪水环绕，群众守护着的绿水青山如何变成金山银山？改变，从一场"共富夜谈"开始。

2022年2月11日，夜晚，山里气温很低，崔波带着仙居县委和相关部门负责同志，在文化礼堂的院子里同村民、村干部、乡贤围坐在一起，

神仙居景区南天顶（仙居县委宣传部供图）

一边烤着炉火，一边谈论着共同富裕建设中遇到的困难以及发展的思路和点子。

"好山好水出好茶，安岭乡的好茶叶就是卖不出好价格""农民一家一户的农产品，消费者购买时担心售后服务没保障"……在你一言我一语中，村民们遇到的难点、痛点被一一提了出来。

这些问题怎么解决？其他地方有没有可供借鉴的经验？在面对面的坦

神仙居景区莲花台（仙居县委宣传部供图）

诚沟通中，发展思路渐渐统一：解决村民的农产品销售困境，需要一个统一的、响亮的品牌。

这次"共富夜谈"后，仙居县委决定在全县打造一个农产品区域公用品牌，由政府出面，为农产品"背书"，让好产品卖出好价格。这就是"神仙大农"的由来。如今"神仙大农"已经打开局面、打响品牌。"神仙大农"已覆盖全县农业从业人数的80%，开发了九大类275款产品，在国家商标局注册了全品类商标，线下在台州仙居城区、白塔以及杭州、台州市区开了4家实体店，线上入驻了淘宝、京东、抖音等电商平台。"神仙大农"品牌体系的农产品销售额达17.9亿元，门店接待游客超过75万人次，三黄鸡、番薯面等初级农产品甚至卖断货，让守护绿水青山的仙居农民真正得到了金山银山。

从安岭乡的这次夜谈开始，仙居县委将"共富夜谈"作为一项问计于群众的重要机制加以完善、推进。面对面听取建议、倾听民声，为发展支招，激发了不少新思路、好想法，产生了实实在在的效果。比如，2022

年，仙居创新推出"农民持股、村集体入股"农村共富"两个计划"，增加群众和集体的持续性收入，各个乡镇街道都因地制宜推出"共富工程"，推动低收入群体年均增收 1000 元，集体经济相对薄弱村年均增收 3.5 万元左右。再比如，民宿产业发展较好的淡竹乡通过"共富夜谈"，实施了民宿"微股改"计划；埠头镇十都英村在村里建成台州市唯一一家中药材市场，预计年产出效益 800 多万元，带动埠头镇 3000 多亩药材种植，户均增收约 3 万元。

"让广大农村群众、困难群众、低收入群体增加收入是实现共同富裕的关键。要用群众看得见、摸得着的方式，使他们感受到党各项政策的温暖。"崔波说，当前全省上下正在扎实推进共同富裕示范区建设，仙居作为全省的首批试点之一，找到了"共富夜谈"这个问计于群众的好办法，在推动共同富裕、增加群众收入等方面不断进行实践和探索。2022 年，仙居农村居民人均可支配收入增速居台州市第一位，低收入农户人均可支配收入增速居台州市第一位、山区 26 县第一位。

问计于企业：走出工业跨越发展新路子

成语"脱胎换骨"的典故出自仙居。如今，仙居工业的跨越式发展就可以用"脱胎换骨"来形容：一个山区加快发展县，在短短几年内通过招大引强，使工业发展实现了从传统产业向高精尖领域的快速跃迁。

在大量的走访调研之后，如何实现工业跨越式发展的课题有了仙居解法。在崔波看来，仙居当前最迫切的任务就是大发展、快发展，通过发展解决经济总量小、民生等领域欠账多等问题。"因此，县委、县政府旗帜鲜明提出'大刀阔斧抓工业'，以'工业百强县'的工作目标，凝聚大抓工业的氛围和合力，打牢经济社会发展的基础。"

发展的方向定下之后，企业家的信心怎么样？营商环境还要再怎么优化？高精尖项目如何招引？面对一系列问题，仙居坚持"企业的问题问企业家"，传递县委、县政府大抓工业的信号，倾听企业家最真实的声音。

2021年12月16日，高质量打造仙居200亿元级医化产业座谈会召开，参加座谈会的企业家们注意到，这次会议的座位间隔变大了，都在1.5米以上，更让他们想不到的是，工作人员给他们发了信封和纸张，企业家的任何想法都可以写下来，不署名，给县委、县政府"递条子"。座谈会结束时，县委书记崔波在门口一一收下装满各种意见建议的信封，并统一梳理交办。

"确实有变化。"企业家们的感受很真切，他们明白，这一次县委、县政府是动了真格，真下决心干大事。

除了开座谈会，仙居县四套班子领导带头，逐家走访重点企业，分行业召开座谈会，倾听企业家诉求。企业家反映的问题一个一个被解决了。两年多来，仙居县出台各类涉工惠企政策30多个，解决企业反映共性问题26个。通过各种调研、沟通，仙居企业家的信心更强了，亲清新型政商关系更加清晰而稳固。

问计于企业，不断化解企业发展中的难点和痛点，仙居营商环境不断得到优化和完善。

绵绵用力，久久为功，在打造营商环境上的接续努力，为仙居赢得了行业巨头的肯定和认同。投资100亿元的比亚迪刀片电池项目正式落户，用崔波的话来说："从来没人能想到，山沟沟里的'穷小子'怎么可能会娶到一个城市里的'白富美'？"

比亚迪来了，中芯能来了，仙居新的主导产业和新的产业链在非常短的时间内建立起来。2022年投资100亿元的比亚迪22 GWh的刀片电池项目成功落地，2023年又落地了投资额51亿元、生产电池材料的中芯能项目，目前还有半导体等方面的2个大项目在对接，很有希望落地。

落一子而活全局。新能源动力已经成为仙居工业发展的新引擎，建设

杨丰山田园风光（仙居县委宣传部供图）

工业强县有了更扎实的支撑，也将推动仙居工业转跑新赛道、发展大转型。

问计于干部：亮出队伍实干有为新样子

"仙居有一支好的干部队伍，这两年我们取得了一些成绩，都是仙居党员干部'蚂蚁啃骨头'一样干出来的。"崔波表示，仙居努力发挥每一个党员干部的积极性，一方面"讲思路、下任务、教方法、提要求"，以上率下带着干，另一方面问计于干部，集中大家的智慧和干劲把仙居建设得更加美好。

干事创业，关键在人。当前，仙居坚定不移大刀阔斧抓工业、大张旗鼓兴旅游、大气磅礴拓新城、大力创新促共富，靠的正是52万仙居人民和一支干事创业的干部队伍。

受各方面客观原因的制约，长期以来，仙居城市化进程相对滞后。作为对广大干部群众呼声的回应，仙居从最直观、最可感的城市环境开始抓起，还专门成立了环境革命办公室，实行专班人员专项落实。

抓环境革命，改进了干部作风，也激发了干部创新的活力，在环境革命中时不时就会冒出破解难题的新办法。例如，仙居干部在环境革命的工作实践中，把迭代狠抓全域环境革命工作与乡村振兴有机结合起来，创新做法，引导资本上山、项目上山、人才上山，探索"村民＋集体＋工商资本"利益联结机制，推动美丽环境向美丽经济蝶变，增强村庄发展内生动力。

问计于干部，让干部长才干、群众得实惠。这也倒逼干部队伍持续自我创新，不断实现人民对美好生活的企盼。

例如，在比亚迪项目正式落户后，仙居马上成立政府和企业"双专班"，双方排出全部工作节点，比拼谁干得快，干部队伍通过机制创新、流程再造，硬是干得比企业还快，从签约到第一条生产线投产，不到1年时间。大项目落地无疑为经济发展赢得了更多产业机会、就业机会，企业和老百姓都从中得到了实惠。

"我们没有'谈笑间，樯橹灰飞烟灭'的本领，但我们有'蚂蚁啃骨头'的精神，我们用笨办法，用我们的脑袋一遍一遍地思考，有的同志想得头发都白了。只有下这种功夫，事情才有可能做成。"崔波表示，仙居始终突出实干实绩导向，以"壮筋骨、提状态、强担当"为目标，加速干部队伍提质、干部工作提效，不断激扬实干沸腾状态、推动全域比拼争先。

当前，仙居正在打造"现代化中国山水画城市"，高标准规划教育、医疗、产业、生活、居住、公共空间等，并且科创属性将更加突出。"到那时，山在城中，水穿城过，山水城融合，没有比这更漂亮的仙居。"崔波说。

读端 |"神仙居"共富故事如何书写？
蔡之兵：推动县域高质量发展有三个"必然前提"

中共中央党校（国家行政学院）经济学教研部副教授蔡之兵

长期以来，受限于体量相对小、基础相对差、能力相对弱的特点，中国大多数县域的高质量发展探索面临较多困难。作为一座人口只有52万人的县城，仙居依靠人民群众的集体智慧，在探索县域高质量发展的道路上做到了问计于群众、问计于企业、问计于干部，有效推动发展质量提升，为其他县城作出了很好示范。

问计于群众是确保发展方向的必然前提。问计于群众是仙居县的重要工作机制，也是确保发展能够满足人民群众根本利益的根本保障。依赖于"共富夜谈"等机制，仙居创新推出"农民持股、村集体入股"等计划，各乡镇（街道）都因地制宜推出"共富工程"，极大提高了仙居人的收入水平。

问计于企业是确保发展效果的必然前提。企业是经济发展的主体，仙居始终坚持"企业的问题问企业家"，倾听企业家最真实的声音，以企业反映的问题为抓手，一个一个地破解相关问题，极大改善了当地的营商环境，一大批行业龙头企业纷至沓来，为仙居建设工业强县奠定了坚实基础。

问计于干部是确保发展动力的必然前提。干事创业，关键在人。当前，仙居之所以能够大刀阔斧抓工业、大张旗鼓兴旅游、大气磅礴拓新城、大力创新促共富，靠的正是52万仙居人民和一支干事创业的干部队伍。通过改进干部作风，激发干部创新活力，仙居持续破解一系列发展难题，为高质量发展的顺利推进提供了源源不断的动力。

向海图强，舟山普陀势昂扬

扫一扫，看视频

本期访谈由姜军对话舟山市普陀区委书记孙志龙。双方就"海洋产业发展""社会治理""共同富裕"等话题，畅谈普陀区在"蚂蚁岛精神"引领下探路海岛共富的故事和经验。

问：普陀区岛屿众多，有大小岛屿743.5座，其中住人岛45.5座。面对如此区情，普陀区如何高质量推进共同富裕？

答：海岛乡村是我们共同富裕的主战场，缩小城乡差异、陆岛差异、岛岛差异，普陀区亟须破题。我们走访发现，老百姓反映最多的还是医疗健康问题。从2022年开始，普陀区创新推出"共富方舟·健康守护"行动，打造了一艘专属医疗船，以医疗健康的小切口，做优健康服务主动上岛模式，融合数字药房、慈善助医、志愿服务、文艺下乡、法治宣传等功能，撬动整个海岛公共服务大提升。该行动获评2023健康中国创新实践案例。下一步，我们将继续聚焦海岛公共服务短板和群众迫切需求，推动"共富方舟"集成更多的公共服务进岛入村。

问：面朝大海，春暖花开。普陀区如何抓住面朝大海的优势，推动产业的兴盛与发展？

答：这些年，我们始终沿着习近平总书记指引的方向，坚定不移向海图强，可以概括为四句话：

一是做强一艘"船"。近年来，普陀区的船舶修造产业从小到大、由弱到强，并向绿色化、集成化、智能化转型升级。目前，普陀区已建成全国最大的绿色修船基地，3家船企跻身全球十大修船企业，船舶修造总产值年均达百亿元，船舶制造能力约占全国的5%，外轮维修量占全国的25%。

二是吃透一条"鱼"。我们打造了涵盖水产品捕捞、加工、附加值提升、销售的全产业链，深化水产菜品、婴幼儿辅食、海洋生物肽等高附加值产品的研发生产，建成全省首批渔业转型发展先行区。远洋渔业产量占全国的20%，金枪鱼精深加工量占全国的60%。

三是做大一桶"油"。我们有两条国际主航道，每年有10万余艘次船从"家门口"经过，为此，我们依托浙江自贸试验区，以保税燃料油加注为切入口，实现无中生"油"、无中聚"气"。我们落地了中石化的全球船供油业务中心，项目落地以来，企业成为世界第五大船加油公司；也落地了全省唯一的天然气交易中心，会员涵盖省内90%的天然气产业链企业。我们还探索形成了21项自贸试验区制度创新成果，其中全国首创9项。

四是激活一片"岛"。我们坚定不移推行"一岛一功能"首发工程和"小岛你好"海岛共富行动，挖掘海岛资源禀赋，破除发展空间不足难题，落地了金钵盂临港产业园等一批先进制造业项目，并极大地改善了海岛基础设施和人居环境，为海岛高质量发展蹚出一条新路。

问：普陀区提出要打造"现代社会治理新样板"，这个"新样板"的内涵与要求是什么？

答：普陀区作为"网格化管理、组团式服务"模式的起源地，在社会治理探索创新方面一直不停步。2007年，我们推出了"网格化管理、组团式服务"，后来逐步全省推广，走向全国。2017年，我们成立了全省首个社会治理中心，群众矛盾纠纷化解实现"最多跑一地"。2023年，我们立足渔区实际，创新发展新时代"海上枫桥经验"，建设了全国首家实体化运营的"海上融治理中心"，通过陆海联动、港域智治，实现"小事不上岸、大事不出港、矛盾不上交"。接下来，我们将深化打造"航行的支部""平安小苑"等载体，持续促进社会高效能治理。

问： 您对"获得感、幸福度"是怎样理解的？怎样为海岛居民增加更多的获得感和幸福感？

答： 我理解的幸福感就是要让老百姓过得更安心、更舒心、更放心、更开心。我们健全就业创业体系，创新打造了"码头边的零工市场""没有围墙的海岛创业园"，让群众的钱袋子鼓起来，让群众更安心；我们提质公共服务，努力改善人居环境、教育医疗、养老托幼，让群众更舒心；我们守牢平安稳定底线，抓实社会治理，连续18年获评省级平安县（区），让群众更放心；我们关注群众精神文化生活，开展"又见普陀"系列文体活动，高质量举办第八届沈家门渔港民间民俗大会等赛会活动，让群众更开心。

问： 请与我们分享一件印象比较深的突发事件的处置过程？

答： 讲个跟你们融媒体有关联的吧。我们选址要建一个污水处理站，周边群众不理解，有些自媒体发布了短视频。在这个过程中，我们深切地感受到，对新媒体的掌握和运用不够是我们目前的一个短板。当时线下相对平稳，网络上反响比较强烈。一开始处置的果断度和及时度不够，线上线下协同工作做得不够好，有些自媒体把老的资料拿出来混淆视听，我们的部门又缺少合力，变成他们在线上说，我们在线下做。后来调整了工作方式，线下工作组找根源，真正做通老百姓的思想工作，把他们的心结解开；线上及时正面发声，发布真实情况。这件事情让我深刻感悟到，新时期党委政府要更加重视融媒体建设，重视新媒体应用。

问：您怎样理解一任接着一任干？

答：第一，学习好、贯彻好习近平新时代中国特色社会主义思想。特别是对普陀区来讲，习近平同志任浙江省委书记期间，多次考察过普陀区，留下了很多重要的指示。对我们来说，这是精神"富矿"。第二，要找到自己特有的发展路径。每个地方资源禀赋不一样，发展路径也不一样。海岛的发展，把眼光放到无限广阔的海洋天地，就可以弥补陆上空间的不足，把眼光放到星罗棋布的小岛，就会走出一条前人没有走过的路。做到"一岛一功能""一岛一定位"，就是要明确哪些岛是以产业发展为主，哪些岛是以生态保护为主，哪些岛要作为适合居住的中心岛来打造，定位好以后，就往这个方向接续奋斗。第三，一任接着一任干要体现在群众的评价上。"金杯银杯不如老百姓的口碑"，老百姓生活的舒适度、出行的便利度、对安全的感受度，是对一任接着一任干最好的注解。

问：在县（区）四套班子里，书记和县长的关系至关重要，从您的经验来看，如何处理好书记和县长的关系？

答：我当过县长，现在又当了书记，回过头再去看曾经县长的位置，感触很深。我觉得要搞好团结，班子和谐了，工作就能事半功倍。一是要讲原则。要在原则和规则下开展工作，就不容易产生矛盾。二是要善沟通。人和人的经历、想法不可能完全一致，有些时候因为沟通不及时，就可能引起误会。三是要做表率。想要班子成员做到的事情，作为书记，自身先要做到。

群众走访也好，重大项目招引也好，书记就是要冲在前，既要统筹任务、分配任务，也要攻坚克难、主动领办。

问：您有过部队从军经历，这对您的工作有何帮助？

答：讲实话，在当兵之前，我不知道在部队是一种什么样的体验，更多来自影视作品。但当过兵之后，我认为工作中的一些基本功就是在部队里打下的。第一，铸牢政治忠诚度。服从命令、听从指挥，在部队是第一位的。我是在部队入的党，那次党员支部大会让我印象深刻，批评非常尖锐，真的是红红脸、出出汗，甚至还流眼泪。第二，不怕苦不怕累。正是部队里高强度的训练、紧急状态下的操练，磨炼了意志。第三，管理和统筹能力。部队中有一系列的管理与被管理、工作统筹与被统筹，比如，当班长了，就要学会怎样带好手下的兵，怎样完成上级交办的任务。这种烙印非常深刻。

【采访手记】

"海天佛国"的幸福乐章是怎样的旋律？舟山市普陀区委书记孙志龙对"幸福"有自己的理解：让老百姓过得更安心、更舒心、更放心、更开心。

普陀区有大小岛屿743.5座，其中住人岛45.5座，交通不便，人口集中度不高，老龄化问题严重。作为全省农业农村领域高质量发展推进共同富裕第一批实践试点之一，普陀区的"共富方舟"有着怎样的场景？基层治理经验入选全国"枫桥式工作法"，普陀区如何打造"现代社会治理新样板"？海洋是普陀区最大的资源与优势，如何集聚产业发展的新优势？"艰苦创业、敢啃骨头、勇争一流"的"蚂蚁岛精神"跨越时空、历久弥新，如何在新时代传承与弘扬"蚂蚁岛精神"？

面朝大海，春暖花开。有着从军经历的孙志龙书记作风硬朗，语句铿锵，极富感染力。

舟山普陀区委书记孙志龙：
向海图强，兴岛富民，
走出海岛特色共富路

潮新闻记者　王　晶　黄宁璐　汪江军　　共享联盟·普陀　陈璐瑶　　通讯员　王哲莹

东海之滨的普陀区，陆地面积仅 458 平方千米，却拥有 6200 多平方千米的广阔海洋；坐落着大小岛屿 743.5 座，其中住人岛 45.5 座……海域海岛是普陀区得天独厚的资源优势，也是推进社会治理和共同富裕的难点、堵点。

沈家门渔港全景（诸葛晓明摄）

蚂蚁岛精神红色教育基地创业广场航拍图（姚凯乐摄）

2005年6月13日，时任浙江省委书记习近平同志登上蚂蚁岛。他说，蚂蚁岛曾有光荣的艰苦创业史，现在又与时俱进，渔区呈现新气象。老一辈创造的"艰苦创业、敢啃骨头、勇争一流"的"蚂蚁岛精神"，不但没有过时，还要继续发扬光大。

牢记习近平总书记的殷切嘱托，传承发扬"蚂蚁岛精神"，近年来，普陀区一路攻坚克难，一座座海岛实现了从"耕海牧渔"到产城融合、从荒乡僻壤到海岛花园、从物质富裕到精神富有的精彩蝶变。

"我们提出了'建设现代化新普陀'的奋斗目标，确立了打造'现代海洋产业新高地、现代品质海岛大花园、现代社会治理新样板'的发展定位，'蚂蚁岛精神'正激励着普陀区广大干部群众继续前行。"2023年11月，在接受浙江日报报业集团社长、党委书记姜军访谈时，舟山市普陀区委书记孙志龙这样说道。

向海图强，打造现代海洋产业新高地

时值冬季，普陀区修造船产业却如盛夏般火热：舟山中远海运重工历时 3 个月精心改造的全冷集装箱船正式启航，造船订单排到了 2027 年；鑫亚船厂刚刚签下全球首艘集装箱船甲醇双燃料改装项目，向着年产值 30 亿元的目标前行；龙山船厂的脱硫塔改装马不停蹄，一艘船刚驶离，一艘船又靠泊……

"经略海洋，普陀区重点做了四个方面的事情，即做强一艘'船'、吃透一条'鱼'、做大一桶'油'、激活一片'岛'。"孙志龙说。

这些年，普陀区的修造船企业从小到大、由弱到强。孙志龙介绍，目前普陀区已建成全国最大的绿色修船基地，鑫亚、中远、龙山 3 家企业跻身全球十大修船厂，船舶修造总产值年均达百亿元，船舶制造能力约占全国的 5%，外轮维修量占全国的 25%。

面朝大海，海洋是普陀区的蓝色牧场，为了将"一条鱼"的价值发挥到最大，普陀区深耕从捕捞到运输到交易到加工到销售的全产业链，深化水产菜品、婴幼儿辅食、海洋生物肽等高值产品的研发生产。

2023 年 8 月，总投资逾 20 亿元的中国普陀（万洋）预制菜产业园项目正式开工，同时，普陀区已建成全省首批渔业转型发展先行区，金枪鱼精深加工量占全国的 60%，远洋渔业产量占全国的 20%。

在东海海域，每日往来于此进行保税油加注的船舶络绎不绝。如今普陀区"油气生意"越做越大：做大中石化全球船供油业务中心，增速跃居"全球十大船加油企业"首位，普陀区年保税燃料油结算量超过 900 万吨，稳占全国一半市场；落地全省唯一的天然气交易中心，会员涵盖省内 90% 的天然气产业链企业；探索形成 21 项自贸试验区制度创新成果，其中全国首创 9 项。

为破除发展空间不足的难题，普陀区深入实施"一岛一功能"首发工

沈家门夜排档（诸葛晓明摄）

程和"小岛你好"海岛共富行动，挖掘海岛资源禀赋，发展临港先进装备制造、清洁能源等新兴产业，落地金钵盂临港产业园、星辰大海上的天空之城等项目，并极大改善了海岛基础设施和人居环境，为海岛高质量发展蹚出一条新路。

如今，普陀区已初步形成现代海洋产业体系，海洋经济总值占GDP比重达68.1%。

陆海联动，绘就海上治理新"枫"景

广阔无垠的海洋，星罗棋布的岛屿，这是普陀区发展海洋经济的依仗，也成为普陀区社会治理的难点。

"普陀区有两张地图，一张是普陀区域地图，另一张就是由一个个'格子'组成的'网格图'。"孙志龙直言，普陀区加强和创新社会治理的故事就从这里开始说起。2007年，普陀区把乡镇（街道）划分成若干个单元网格，在全国首创"网格化管理、组团式服务"工作。当时，全区居民以100—150户为单位，被一一"定位"到单元网格中，每个网格都配备一支党员志愿者服务团队，全面承担联系群众、掌握民情、改善民生、解决矛盾等职责。

普陀区面向实践的探索从未止步，2017年，全省首个全科型社会治理中心——普陀区社会治理中心成立，"只进一扇门""最多跑一地"的创新服务理念，让群众的办事体验得到极大提升。"专业的人干专业的事，老百姓很欢迎，社会矛盾调解的效率也非常高。"孙志龙介绍，中心成立以来，已累计化解各类矛盾纠纷42.1万件，群众满意率98.9%。

将"枫桥经验"成功迁移到海上治理领域，则是普陀区创新基层治理的又一生动例证。"海上的问题，很多源头、根子在陆上。"孙志龙说，虽然渔民出海在外，但他们的公司和家庭在岸上，在这样的情况下，一旦发生纠纷，就容易暴露出"动态管理难、发现处置难、源头预防难、调处化解难"等问题。

为了有效解决海上纠纷，2023年，普陀区联合多方力量，在涉海企业密集的海事渔事商务大楼专设全国首个县（区）级实体化海上融治理中心。孙志龙认为，通过陆海联动、港域智治，可以实现"小事不上岸、大事不出港、矛盾不上交"，也意味着将补齐普陀区社会治理的最后一块短板。

基层是联系群众、服务群众的"第一线",孙志龙表示,下一步,普陀区将深化打造"航行的支部""平安小苑"等载体,持续促进社会高效能治理,打造现代社会治理的"普陀样本"。

"各美其美",铺陈海岛共富新画卷

碧蓝清澈的大海、蜿蜒的海岛公路、层叠的原生态石屋,电影《后会无期》中的东极岛,吸引了越来越多的游客。

20年前,东极岛还是一座"悬水孤岛",水电基本靠岛上自给自足,

普陀区绿色修船基地(葛恩嘉摄)

而当时普陀区还有多个类似海岛，基础要素条件薄弱，发展受限。

近年来，普陀区围绕全省十大海岛公园建设，补强海岛交通基建，打造了东极岛、桃花岛等一批精品海岛旅游节点。截至2023年第三季度，普陀区全域旅游人次、过夜游人次增速均位列全省前二。

如今，一幅幅"各美其美"的美丽海岛共富画卷正在徐徐铺陈，但敢为人先的普陀区，海岛共富模式远不止这一种。

"海岛乡村是我们共同富裕的主战场，缩小城乡差异、陆岛差异、岛岛差异，普陀区亟须破题。"孙志龙介绍，2022年，他通过走访，发现海岛百姓反映最多的还是医疗健康问题。彼时，一艘名为"共富方舟"的小船承载着希望，驶向孤岛，驶入海岛百姓家。

普陀区从亟须突破的海岛医疗健康领域入手，率先试点开展"共富方舟·健康守护"行动——落实专属船只，载着专业医疗团队，每月登临2—3个偏远海岛精准开展巡回医疗服务，让每一名渔村群众都能享受到"家门口"的医疗服务。

截至2023年底，巡回医疗行动已覆盖16个住人岛屿，开展健康体检4050余人次、义诊7200余人次，驻岛老年人健康体检率提升至90%以上。

起初，"共富方舟"只是以医疗健康为主要载体，但普陀区在实践中发现，若以其为小切口，做优健康服务主动上岛模式，将撬动整个海岛公共服务的大幅提升。

眼下，普陀区拓展了志愿服务、文艺下乡等海岛民生服务场景，将"共富方舟"服务内容由"保基本"转向"高品质"，相关工作获评2023健康中国创新实践案例。"共富方舟"还走出浙江，在对口支援的四川万源市得到复制推广，为山区的公共服务优化提供了借鉴。

在孙志龙看来，让"共富方舟"服务更多元、场景更丰富、覆盖更广泛，无疑能持续增强海岛群众的获得感、幸福感。与此同时，还要统筹好发展和民生、发展和安全以及发展和生态之间的关系：让群众的钱袋子鼓起来，普陀区健全就业创业体系，创新打造"码头边的零工市场""没有围墙的海岛创业园"，给更多怀抱着创业梦想的年轻人鼓励和憧憬；努力改善人居环境，提质教育医疗、养老托幼等公共服务；守牢平安稳定底线，抓实社会治理，连续18年获评省级平安县（区）；关注群众精神文化生活，开展"又见普陀"系列文体活动……"总之，要让老百姓过得更安心、更舒心、更放心、更开心。"孙志龙说。

普陀区"共富方舟"医疗船（普陀区委宣传部供图）

读端丨舟山普陀向海而兴

唐亚林：融服务、发展、秩序于一体，激活海岛"一池春水"

复旦大学国际关系与公共事务学院教授、大都市治理研究中心主任唐亚林

纵览浙江舟山普陀的发展历程，我认为，最难得的地方在于，当地努力创造出一种融服务、发展、秩序于一体的地方共同富裕新模式。让我印象深刻的主要是以下三点：

第一，以广大人民急需的健康服务需求为突破口，创造岛域公共服务新模式。尤其是当地创新推出"共富方舟·健康守护"行动，打造一艘专属医疗船，以医疗健康的小切口，做优健康服务主动上岛模式，融合数字药房、慈善助医、志愿服务、文艺下乡、法治宣传等功能。这艘医疗船，让我们眼前一亮，做到了急群众健康之所急，有助于撬动整个海岛公共服务的提升。

第二，以区域海洋特色为立足点，创造新时代海洋产业链集群的高质量发展新篇章。从做强一艘"船"、吃透一条"鱼"、做大一桶"油"再到激活一片"岛"，当地努力打好"海洋经济"这张牌，在"向海图强、兴岛富民"的道路上坚定不移前行。

第三，以网格化治理为有效载体，构建党建引领基层治理多元协商、同向发力的新格局。无论是社会治理中心，还是实体化运营的海上"融治理中心"，再加上"航行的支部""平安小苑"等载体，都有效促进了社会高效能治理，更是坚持好、发展好新时代"枫桥经验"的普陀探索。

余杭：打造杭州城市重要新中心，奋勇争先向未来

扫一扫，看视频

本期访谈由姜军对话杭州市委常委、余杭区委书记刘颖。双方就"城市新中心建设""科技创新""良渚文化"等话题，畅谈杭州城市重要新中心的发展轨迹、跃升路径。

问：城市中心的变迁折射了一座城市发展的脉络，余杭何以打造杭州城市重要新中心？

答：2022年8月，余杭区委全会，根据余杭区划调整之后的区情，我们提出了打造杭州城市新中心的目标。具体来讲，主要是通过4个方面：

一是打造创新活力之城的新中心。2023年，余杭区地区生产总值为2936.43亿元，总量居浙江第一位，按可比价计算，增长8.5%，实现高基数上高增长。接下来，我们将积极抢抓杭州城西科创大走廊高质量融合发展机遇，全面融入长三角高质量一体化发展战略，争创综合性国家科学中心核心承载区。

二是打造历史文化名城的新中心。我们将放大"良渚论坛"综合效应，高标准推动良渚文化大走廊建设，与城西科创大走廊和五千年发展轴构成"两廊一轴"空间新格局，向世人展示全面真实的古代中国和现代中国。

三是打造生态文明之都的新中心。我们将持续巩固国家生态文明建设示范区创建成果，深入实施新时代"千村示范、万村整治"工程，大力推进大径山省级旅游度假区建设，着力拓宽绿水青山向金山银山转化通道，打造全域美丽全民富裕大花园。

四是打造最具幸福感城市的新中心。我们将继续锚定共同富裕示范区排头兵这一目标，扎实有序推进杭州外国语学校余杭校区、浙江大学医学院附属妇产科医院余杭院区、国际体育中心等项目建设，打造更多面向未来、各具特色的学校、医院和文体场馆，推动公共服务优质均衡发展。

问：余杭如何以"人才引领、创新驱动"来打造科创高地？

答：坚持"人才引领、创新驱动"不动摇，是余杭之所以从一个传统农业大县发展成为全省科创高地的制胜法宝。我们要坚定不移"走好三步棋，打好组合拳"：

一是建设全球创新策源地。余杭已形成科研重器集群发展之势。我们将全力争取更多"国之重器"落户余杭，引导行业龙头企业联合重点实验室、高校科研院所和行业上下游企业共建产业创新联合体，争创综合性国家科学中心核心承载区。

二是构筑创新人才蓄水池。余杭人才总量已突破39万人，占常住人口的1/4以上。接下来，我们将加大基础研究人才、领军型人才和优秀青年人才引培力度，连接长三角、全国乃至全球科技人才资源，让各类人才在我们余杭都有展示他们才华的舞台，力争到2025年人才总量达50万人。

三是打造成果转化首选地。余杭在科技成果转化方面已有一定基础，2023年1—10月技术交易额达170亿元。我们要把科技成果就近转化、就地转化，"沿途下蛋"，接下来将健全完善科技服务与成果转化机制，加快引进和培育科技、金融等中介服务机构，提供一流的营商环境，推动创新链、产业链、资金链、人才链深度融合。

问：良渚文化是余杭区的又一张金名片，余杭如何在建设中华民族现代文明上积极探索？

答：良渚遗址是中华五千年文明史的实证，是世界文明的瑰宝。勇当先行者、谱写新篇章，余杭立足现有文化遗产、产业结构、生态环境等资源要素，按照"有核无边、辐射带动"的建设思路，全力推进良渚文化大走廊建设，持续释放世界文化遗产的厚重价值，积极在建设中华民族现代文明中探路先行。

一是坚持保护第一。以成功入选第二批国家文物保护利用示范区创建名单为契机，进一步完善大遗址保护工作体系，将良渚遗址打造为大遗址保护利用的世界典范。

二是注重加强研究。进一步深挖价值内涵，逐步构建起良渚国家社会形态的系统研究体系，尽快形成一批有影响力的研究成果，持续提升良渚作为实证中华五千年文明史圣地的影响力。

三是注重项目带动。打造良渚文化大走廊，计划每年推出十大项目，传承展示良渚文化丰富内涵，并积极探索文化赋能共同富裕的有效路径。

四是坚持交流互鉴。全面打响"良渚论坛"品牌，持续放大"良渚论坛"综合效应，向世界讲好良渚故事、传播余杭声音，不断擦亮"五千年中国看良渚"金名片。

问：余杭新城市中心的规划，有哪些亮点？

答：区划调整之后，未来科技城成为杭州城市重要新中心。既然是城市中心，就要有城市的概念、城市的味道，要突出科技创新。

第一要突出城市的味道。城市的味道不在于路的宽度，而在于路的密度。要成为城市中心，一定是小街区、密路网，要从原来的产业集聚区变成城市城区。

第二要体现科技感。我们尝试在未来科技城开通一条无人驾驶公交线路。

第三要与国际接轨。我们正在做一些国际化的设计，面向全球招标。围绕整个核心区的中轴线，将布局国际学校、国际医院、国际社区等，体现人和这座城市的互生共荣。

问：余杭在发展过程中创造了很多经验，比如小古城村的"众人的事情由众人商量"，余杭在基层治理方面还有哪些探索和实践？

答："众人的事情由众人商量"，这是2005年1月4日时任浙江省委书记习近平同志到小古城村考察调研时提出的。其背后反映的是我们基层治理的经验，是全过程人民民主的真理。这10多年来，小古城村尝到了基层治理全过程人民民主的甜头，路是越走越快。现在，我们也把这个经验复制到全区各个乡镇（街道）、各个社区。

当然，复制不是单纯地照搬照抄，而是要结合各村各地的实际情况。在小古城村，它的载体是樟树下议事，大家坐在村口的樟树下议事；放到永安村，它的载体就是草垛上议事，因为永安村是产粮区域，丰收时节，大家坐在草垛上讨论事情；如果是花园村，载体就是花园里闲谈，因为当地有喝闲茶的习惯……通过这样的复制推广，全区的基层治理比以前有很大的进步。

问：2008年，余杭率先在全国推出"法治指数"，以"法治指数"不断推进法治建设。这些年，在法治建设上有哪些新探索？

答：比如网格化管理，我们不仅有网格长，还设置了和事佬。每个村社都有一些有威望的老者，有时候，他们说的话更管用，所以，利用他们的威望来调解邻里纠纷是基层治理的一大法宝。

另外，我们还通过搭建居民自治平台，推进基层治理工作。比如瓶窑的"平安奶奶"就很有意思。别以为60岁退休了就没事干了，在瓶窑，我们把老人组织起来，成为志愿者，60岁的照顾80岁的，70岁的照顾90岁的，这是一种自治，也是大家守望相助。所以，这些社区虽然老龄化程度相对比较高，但社区里人与人之间非常和谐，沟通很顺畅，矛盾纠纷化解很顺畅。

问：余杭在打造未来乡村试验区方面有哪些举措？

答：第一，突出以人为本。重点打造"三化九场景"，提升老百姓的获得感、幸福感。

第二，强调"一村一品"。比如永安村推出"禹上稻香"，结合水稻主产区特色，专门引入职业经理人，开发一系列跟水稻相关联的文化元素，与当地的自然资源有机融合。

第三，强调跟产业紧密结合。一个村庄的发展，如果没有产业的支撑，是不可持续的。因此，我们考虑利用自然禀赋和产业，推动乡村振兴。

【采访手记】

　　对话杭州市委常委、余杭区委书记非常有意思，这既是社长对话区（县）委书记，也是老余杭区的老区长对话新余杭区的新书记。

　　城市中心的变迁折射了一座城市的发展脉络。从西湖时代到钱塘江时代，再到城西时代，区划调整后的新余杭区面临的重大机遇是打造杭州城市重要新中心，这将是创新活力之城的新中心、历史文化名城的新中心、生态文明之都的新中心、最具幸福感城市的新中心。

　　城市建设，规划先行。余杭城市核心区中轴线规划的招标引来广泛关注与热议，"回归老城区尺度""小街区密度网""无人驾驶街道"等理念让人耳目一新。新余杭区在擦亮科技创新与良渚文化两张金名片上动作频频，"梦想小镇"的满满活力，小古城村"众人的事情由众人商量"的基层自治，青山村的艺术气息、"网红"特质，从全国首创"法治指数"到全国"新时代政法楷模集体"，等等话题，让我这个老区长禁不住提问连连、念兹在兹。

　　从刘颖书记从容不迫的回答中，我真切地感受到"浙江第一区"的前景不可限量。余杭，未来已来。

余杭区委书记刘颖：
浙江"经济第一区"的青春密码

潮新闻记者 施 雯 唐骏垚　　共享联盟·余杭 徐 颖 于 洋

2013年，杭州西郊的田野里，崛起一座新城——未来科技城。

10年后，穿梭在新城写字楼里的人，平均从业年龄从最初的42岁下降到32岁。

这些年，老杭州人眼里的"乡下地方"余杭，用一句"我负责阳光雨露，你负责茁壮成长"吸引无数青年才俊，招引了一批批中国极具影响力和成长性的企业。

数据显示，2023年前三季度，余杭实现GDP2130亿元，增长9.1%，继续保持总量浙江第一；完成地方财政收入387亿元，在经历行政区划调整后，重回浙江第一位。

从20年前的农业大县，一路奔跑成为浙江"经济第一区"，驱动余杭持续高速增长的内生动力，究竟是什么？

"人才引领、创新驱动，是余杭快速发展的制胜法宝。"2023年11月，在接受浙江日报报业集团社长、党委书记姜军访谈时，杭州市委常委、余杭区委书记刘颖说道。

财气的底气是才气：浙江最有才的城区，如何引才？

浙江，全国人口增速排名第一的省份。

2022年，余杭是杭州人口增速最快的区。

过去12年，余杭本科及以上学历人口数量几乎翻了4倍，遥遥领先。

39万人！这是余杭的人才"家底"。截至2023年9月，余杭人才资源总量突破39万人，占常住人口的1/4以上。也就是说，在余杭，每4个人里就有1个是人才。

余杭的青春活力，也来自人才队伍的年轻化。

2013年，未来科技城正式运营，到2023年正好10年。10年间，未来科技城从业人员的平均年龄，却从当年的42岁下降到32岁。时光走了10年，从业人员的平均年龄却下降了。

未来科技城（余杭区委宣传部供图）

余杭是如何通过吸引年轻人,实现自我增长的?梦想小镇的崛起,或许能给出答案。

2013年,阿里巴巴全球总部落户余杭。

杭州大城西的创业磁场马力全开,各路青年才俊蜂拥至余杭创业,由此形成了一支以阿里系、浙大系、海归系、浙商系为代表的创业"新四军"。

2014年,政府喊出"我负责阳光雨露,你负责茁壮成长"的口号,余杭梦想小镇诞生了。9年间,这里引进了深圳紫金港创客、良仓孵化器等知名孵化器,集聚创业项目3030个、创业人才26367名。

刘颖笑着推介:"来梦想小镇创业,余杭提供免费的物理空间,还补贴水电费。"

创业者在余杭,只要专注把项目做好就可以了。从头开始搭建一家公司,要操心的事实在太多,比如找场地、搞装修、水电物业、企业注册、财务规划、法律咨询等。梦想小镇坚持推进政务服务改革,打造最宽松的营商环境,为创客提供的是一键全包式服务。

创业有风险,余杭还为创业者推出了两项特色服务:一项是创业贷,年轻人创业项目要落地,刚开始资金上有困难,政府给你贷款;还有一项是创业失败险,保险2年,万一创业失败,给你赔付。

不仅仅是在梦想小镇,"我负责阳光雨露,你负责茁壮成长"渗透在余杭的每一方热土。

现在余杭区总人口达到136万人,人才总量突破39万人,爱才惜才的余杭,还在进一步花大力气招引人才。

创新驱动城市发展:余杭打造"全球创新策源地"

沿着文一西路一路向西,道路两侧是阿里巴巴全球总部、字节跳动华东中心、快手浙江中心、vivo 全球 AI 研发中心、OPPO 全球移动端研发总部等一批头部企业，还有之江、良渚、湖畔、天目山四大省实验室和北航中法航空学院、浙江大学超重力场大科学装置等一大批科研创新平台。

作为浙江乃至全国的科技创新高地，余杭的亮眼成绩单也吸引了各方关注：除了重回全省第一位之外，上市企业总量达 33 家，国家高新技术企业、省级科技型中小企业数均列全省第一，连续 3 年夺得全省科技创新最高荣誉——科技创新鼎……

"经济指标的强势反弹，很大程度上得益于科技创新的支撑。"刘颖说，余杭有超出预期的韧性，但不敢就此放慢脚步。

眼下，余杭正加快建设全球创新策源地，构筑创新人才蓄水池，打造成果转化首选地，以科技创新塑造发展新优势。

"余杭需要发挥创新平台集聚优势，招引更多的'国之重器'落户余杭。"刘颖说。对标杭州创建综合性国家科学中心这一目标，余杭明确发展轨道：积极争创综合性国家科学中心核心区。

目前，余杭正以超常规力度推进重大科技基础设施和创新平台建设，加快构建以重点实验室、高校科研院所、头部科技企业研发中心、大科学装置为主体的科技创新体系，吸引更多"国之重器"落户余杭。

创新是引领发展的第一动力，科技成果转化是实现高质量发展的关键环节。刘颖说："余杭要加快把科技成果就近转化、就地转化，'沿途下蛋'，让科研创新产生更大价值、发挥更大作用。"

通过大力发展元宇宙、量子科技、未来网络、前沿新材料等未来产业和战略性新兴产业，源源不断涌入余杭的创业大军，也加速了各类科技成果在余杭的就地转化。

2023 年 1—10 月，余杭的技术交易额就达到 170 亿元，余杭全区研发投入强度已经提高到 4.55%。通过打造创新平台、设立专项资金等"组合拳"，余杭为科技成果转移转化按下了"加速键"。

着眼打造科技成果转化首选地的余杭，相继有浙江创新馆、杭州技术转移转化中心等建成启用，通过平台和资源联结，打通科技成果转化的"最初一公里""最后一公里"，加速科技成果落地生"金"。

比如引进顶尖人才项目，余杭给予最高1亿元的支持，对高层次人才项目给予最高1200万元研发补助、300万元房租补助。同时，突出政策引领，谋划《余杭区关于促进科技成果转移转化的政策意见》，形成20条政策措施激发成果转化热情，并明确每年专项安排1亿元支持100个成果转化项目。

文化兴盛，宜居宜游：五千年文明圣地，打造城市新中心

提到良渚文化，余杭百姓心中是满满的自豪感。

2023年12月3日，由文化和旅游部、浙江省人民政府主办的"良渚论坛"在杭州举办。对于余杭百姓来说，这不仅是一场高规格的文化交流活动，而且带来了更多的幸福感和归属感。

古老与现代在此交融，良渚也成为展示中国式现代化的一扇窗口。

"余杭正在打造良渚文化大走廊，计划每年推出十大项目，其中，既有文化保护项目，也有文化传承和文化产业项目。"刘颖说，通过"良渚论坛"，余杭将把"办论坛"与"建走廊"有机结合起来，深入挖掘"良渚论坛"创造的文化价值，继续向世界讲好良渚故事。

2022年8月，余杭提出打造"杭州城市新中心"发展目标，随着城市新中心核心区（中轴线）城市设计方案国际招标的顺利完成，世界级城市中轴空间形象加速呈现。

余杭的城市界面，正在发生日新月异的变化：杭州未来第一高楼群"金手指""金钥匙"冲出地平线，余杭区国际体育中心等重点项目开工建设，玉鸟集、光之塔、城北万象城等消费新场景相继亮相。

良渚古城遗址公园（余杭区委宣传部供图）

一边是创新引领下的快速发展，一边是加快补齐公共服务的压力挑战。

"城市的味道，不在于路的宽度，而在于路的密度。"刘颖说，余杭要成为城市中心，一定要有小街区、密路网，要设置更多的步行街和消费场景。

交通出行是市民生活必不可少的环节。这些年，余杭的区位交通优势日益凸显，杭州高铁西站枢纽，以及密集的地铁、高速和城市快速路网，出行体验持续升级。

从杭州高铁西站出发，只要4个多小时就能到达北京南站；未来科技城开通了一条无人驾驶公交专线，让杭州城市第三中心科技感满满。

同时，余杭正在不断提升教育、医疗、养老、托幼等公共服务资源。除了杭州第二中学余杭学校、学军中学余杭学校、浙江大学医学院附属第一医院总部、浙江大学医学院附属第一医院良渚分院等优质教育医疗资源之外，余杭又与杭州外国语学校、浙江省妇女保健院、浙江省儿童保健院、杭州市第一人民医院、浙江音乐学院等省市重点民生合作项目完成签约，最具幸福感城市的新中心正在加快向我们走来。

读端 | 余杭如何打造杭州城市重要新中心？
刘士林：深化完善城市定位，越简洁越有特点越好

上海交通大学城市科学研究院院长、教授，
浙江省城市治理研究中心首席专家刘士林

总体上看，以打造杭州城市重要新中心为目标，余杭区重点提出4个定位：一是打造创新活力之城的新中心，二是打造历史文化名城的新中心，三是打造生态文明之都的新中心，四是打造最具幸福感城市的新中心。

既有我国新型城镇化战略的目标（即创新城市、人文城市、绿色城市、人民城市），同时又结合余杭的资源禀赋和比较优势，有所丰富和扩展。如在创新城市上，以"活力"二字突出"人才"，在人文城市上，突出"五千年中国看良渚"的品牌优势，在人民城市上，突出"共同富裕示范区排头兵"等，绘就一张内涵丰富、目标系统的未来蓝图，有助于走出一条特色城市发展之路，对那些找不准位置和方向的城市，可以说具有重

要的参考和借鉴意义。

从深化和完善城市定位的角度看，对余杭区还可提出两方面建议：

一是加强对"新中心"理论的研究。首先，在传统的"中心地"理论看来，具有"中心"职能的城市，承担着区域内市场和资源配置等功能，要保持这种"中心"地位，还必须不断强化城市的集聚和配置功能。其次，在中国特色城市发展中，最高级别和最具象征意义的即"国家中心城市"，它除了具备传统的"中心地"功能，更重要的是要承担国家区域战略职能。深刻认识和全面把握"中心"的本质内涵和发展规律，更好地遵循城市发展的普遍规律，自觉地服从中国特色城市发展道路的内在要求，可以少走弯路，实现提质增效。

二是要优化建设"杭州城市重要新中心"的战略设计。一个充满自信的城市，想在每个领域都出彩是可以理解的。但从战略定位的角度看，首先是作为"中心"的目标不宜多，多了就难以周全，在日趋激烈的城市竞争中，不要说余杭，就是北上广也不可能成为全能冠军，如北京、上海提出疏解非核心功能，北京甚至放弃了经济中心的发展目标，等等，都是余杭需要研究和参考的。其次是做好统筹多个"中心"的顶层设计。一个理性和成熟的城市，要尽早走出"以天下之美尽在己"的自我中心主义和阶段，确立并将主要资源投放在最符合自身发展理想的核心目标上，这个核心目标不必多，越简洁越有特点越好，同时还应在不同"中心"、在核心目标和次要目标之间研究构建合理的层级体系，形成良性循环和互补机制，从整体上提升城市城区的能级，以较低成本实现高质量发展。

这些，是我们对余杭区的未来期待。

慈溪："第一强县（市）"，破题都市圈经济

扫一扫，看视频

本期访谈由姜军对话宁波市委常委、慈溪市委书记林坚。双方就"块状特色产业高质量发展""科技创新""优化营商环境"等话题，循迹溯源，畅谈全国百强县排名浙江第一强县(市)如何破题都市圈经济。

问： 块状特色产业是慈溪的发展优势，如何以都市圈经济推动慈溪县域经济转型升级？

答： 改革开放以来，慈溪呈现出鲜明的县域经济发展特色。块状特色经济是民营企业家们发扬"四千精神"创造出来的。

我们培育了很多"隐形冠军"，如电熨斗、电吹风等小家电享誉全球。还有很多小微企业，也非常有活力。但目前，块状经济面临的最大问题就是怎样实现高质量发展，通过转型升级来保持蓬勃生命力。

我们现在着力抓"两项整治"：一个是传统块状经济整治，另一个是镇村产业集聚区整治。"瓶瓶罐罐"必须要淘汰一部分，要更规范，但更加重要的是提升。

实体经济是慈溪发展的根基。在高质量发展过程中，我们要把优质资源与传统产业深度融合，让县域经济成为都市圈经济的有机组成部分。

慈溪在上海大都市圈空间协同规划中被定位为全球科技创新和智能制造功能节点，在宁波国土空间规划中被定位为宁波城市北部中心区。面临新机遇，慈溪需要在都市圈经济发展中破题。

问： 慈溪怎样以科技创新来塑造发展的新优势？

答： 工业立市，创新强市。这是我们毫不动摇坚持的首位战略。2022年，我们成功创成全国首批创新型县市。抓创新，我们主要有3个抓手。

第一个是抓企业。慈溪现有超过20万家市场主体，其中有2200多家规上企业，我们要推动这些企业的科研创新全覆盖。现在，慈溪全市拥有国家级专精特新"小巨人"企业58家。这些企业能成为"小巨人"，最主要的竞争力就是创新能力，在细分市场上的开拓能力强于对手。

第二个是抓平台。我们积极打造高能级科创平台载体，加大与科研院所的合作，落户了生物医学工程研究所、产业应用技术研究院、温州医科大学慈溪生物医药研究院等创新平台，进一步推进科创资源跟产业发展深度融合。

第三个是抓人才。我们着力打造"智造人才友好城"，建立并完善集创新研发、创业孵化、产业集群于一体的上林英才"链式"平台体系，持续优化高品质人才服务保障，2023年以来国家级人才数量增长200%。

问：营商环境也是竞争力，慈溪如何优化营商环境？

答： 营商环境是一个地方的核心竞争力。我的理解，最好的营商环境就应该是法治环境。我们对标"市场化、法治化、国际化一流营商环境"要求，开启了一些特色改革。

比如聚焦企业用地"急难愁盼"问题，我们实施"低效工业用地提能升级改革"，编制工业集聚区专项规划，建立空间腾换项目库，已入库项目136个。实施工业用地全生命周期管理，对工业土地出让、转让等闭环管理，公平透明地重塑用地配置机制，并对"大优强""绿新高"企业给予"全链式"服务保障。这项改革取得积极成效，慈溪也夺得首批浙江制造天工鼎。

问：2023年前三季度，慈溪基础设施投资增幅达到47.9%，为什么慈溪要不惜"砸重金"来推动基础设施建设？

答：抢抓机遇，项目为王。我们提出的一个战略是"交通提级、城市提能"。"城市提能"就是要突出首位度，更注重能级和品质。"交通提级"，像通苏嘉甬高铁、市域轨道宁慈线等重大交通项目正在火热建设中。未来，慈溪老百姓可以坐通苏嘉甬高铁，也能直接搭乘轨道交通到宁波，实现同城化。

通过开展"投资攻坚年"活动，慈溪已形成超过 3000 亿元的项目储备库，固定资产投资连续 8 个季度保持两位数以上增长。慈溪还两获全省投资"赛马"激励。

问：从人口构成来看，新慈溪人已经超过户籍人口，怎样通过有效的基层治理，把"外来客"变成"自家人"？

答：慈溪历史上就是一个移民城市，一直具有开放包容的气质。我们现在新市民超过人口总量的一半，慈溪的建设离不开他们，慈溪的共同富裕也不能忘了他们。

早在 2006 年，慈溪就创造性地建起了和谐促进会。现在情况发生了很大变化，怎么共建共治共享，这是一个新课题。2022 年以来，我们探索新市民服务管理改革，一是打造新时代和谐促进会，一路贯通到村、企业、学校、网格，现在已有 360 多个基层阵地。二是推行治理新模式，吸收新市民来参与各种各样的志愿服务，包括安全生产、文明城市创建等。参与以后有积分，积分可以兑现各种服务。三是提高外来人口就业能力。我们每年提供 10 万人次以上的培训，通过培训提高就业能力，让他们在慈溪待得住，有更高的收入，有更好的生活品质。

目前我们还在持续探索把本地人和新市民一网融合统管，更好地进行服务、更有效地进行管理，让城市变得更有温度。

问：慈溪作为"浙江第一强县（市）"，优势在哪里？还有哪些短板需要去补齐？

答：产业基础是我们最大的优势，靠的主要还是实体经济，尤其是工业以及由工业衍生出来的服务业。工业当中关键是制造业，要以制造业为本，在这个基础上去推进经济转型升级，推进经济高质量发展。

反过来讲，我们的短板也与此相关。目前还存在"大而欠强、多而欠优"的现象。2200多家规上企业，营收规模很大比例集中在1亿到5亿之间。这是一个非常大的基础，把它们培育上去，就可能发展成为链主型企业；如果不一起奋力拼搏往前走的话，就可能会"小富即安"。我们经济主体数量很多，但是不少企业发展思维还是比较传统的，对于新领域的竞争还欠缺深刻认识，如果不努力，就会在激烈的竞争中被取代。

问：作为县（市）委书记，在抓班子带队伍方面是怎么做的？

答：在队伍建设方面，我们强调要倡导项目的工作导向。

第一是守规矩。做事情要遵循规律，这个规律往往是通过规矩来体现的。第二是敢担当。怎么样能够把大家拧成一股绳，推动一个地方的发展，关键还是靠我们党员干部敢于担当。第三是要积极。怎么体现敢担当？就是要积极。负责的工作有成绩报告单，在全宁波、在全省、在全国，成绩排第几，就可以体现出积极还是不积极。第四是抓具体。守规矩、敢担当、要积极，都是通过很具体的工作才能有所体现的。

近年来，按照浙江省、宁波市部署，结合慈溪实际，我们开展了"争先进位赛业绩、担当作为比作风"主题活动，根据重点工作设计晾晒报表，大家一起同台晾晒、"赛马"比拼，营造了团结实干、争先进位的良好氛围。

问：慈溪有什么好玩的去处，有哪些诱人的美食？

答：慈溪被称作"秘色瓷都"。秘色瓷最早就烧制于慈溪上林湖及周边一带。法门寺地宫考古发掘出的秘色瓷，就是来自慈溪。说到美食，最有名的就是慈溪杨梅了。十分欢迎大家在杨梅节的时候，到慈溪来品杨梅、赏青瓷。

【采访手记】

华灯初上，迎来了"潮涌之江·对话县委书记"第一季中最后一位县委书记：宁波市委常委、慈溪市委书记林坚。没顾得上喝一口水，我们直接在沙发上坐定，开始了直奔主题的对话。

在地方工作的时候，我曾带队去慈溪考察学习过。这是一个块状特色产业优势明显的强县，是中国慈孝文化之乡、中国陶瓷文化历史名城，因围海筑田而有"唐涂宋地"之称，又因东汉董黯"母慈子孝"传说而得名。关于贯彻落实习近平总书记考察浙江重要讲话精神，我有许多问题要向林坚书记请教。

杭州湾大桥建成通车后，慈溪成为连接现代都市的黄金节点，如何借都市圈经济推动县域经济的转型升级？入选全国首批创新型县市，如何以科技创新塑造发展新优势？在基础设施建设投入上不惜重金，效果如何？可以持续吗？新慈溪人已超过当地户籍人口，如何把"外来客"变成"自家人"？林坚书记快人快语，言简意赅，观点碰撞，酣畅淋漓。

谈及对"时时放心不下"的感悟时，林坚书记的话还是让我心里咯噔了一下："人在慈溪心就安，哪怕有突发事件发生；离开慈溪心忐忑，哪怕诸事平安。"这应了苏东坡的一句话：此心安处是吾乡。

慈溪市委书记林坚：
发力"三大战略"，破题都市圈经济

潮新闻记者 徐 婷 翁云骞　　共享联盟·慈溪 邵 滢

强县之争的第一梯队里，慈溪必然榜上有名

全国首批创新型县市、全国中小城市综合改革试点、浙江首个地区生产总值超过 2000 亿元的县市，综合实力长期居全国百强县第一方阵前列……

2023 年前三季度，慈溪全市 GDP 总量为 1909.99 亿元，按可比价计算，增长 6.2%。

经济稳定增长、持续向好的动因在哪儿？

在坚守实业的发展定力，更在融入大局的开放胸襟。

改革开放以来，慈溪书写了县域经济发展辉煌篇章。进入新时期，慈溪人何以再创奇迹？

"坚持工业立市、创新强市，交通提级、城市提能，生态美城、幸福暖城'三大战略'，争当中国式现代化示范引领的县市域实践排头兵。"2023年 11 月，宁波市委常委、慈溪市委书记林坚在接受浙江日报报业集团社长、党委书记姜军采访时，如此介绍慈溪的破题路径。

县域经济奔向"高质量"

夏天的电风扇，冬天的电暖器，烹饪的空气炸锅，装修的开关面板……你家的电器，有很大概率产自慈溪。

慈溪，是浙江块状特色产业发展的一个缩影。

多年来，慈溪块状经济与时俱进，打造了许多全国细分市场领域的"隐形冠军"，其蓬勃活力也带动当地经济企稳回升。

新的历史条件下，如何让传统块状经济突破瓶颈制约，加快向具有国际竞争力的产业集群转型？高质量发展，是摆在慈溪面前的一道必答题。

"工业立市，创新强市，这是我们必须坚持的首位战略。"林坚说，目前，慈溪正强力推进传统块状经济、镇村工业集聚区"两项整治"，打破"瓶瓶罐罐"，实现提质增效，同时，加快以科技创新塑造发展的新动能、新优势。

成功创建首批国家创新型县市，慈溪有"三招"，抓企业、抓平台、抓人才：

日新月异的现代化城区（慈溪市委宣传部供图）

把 2200 多家规上企业作为重点对象，推进实现科研创新能力全覆盖，累计培育出 58 家国家级专精特新"小巨人"企业；加强与中科院等科研院所合作，积极推动温州医科大学慈溪生物医药研究院等科创平台载体落户，推进高端创新资源与当地产业基础深度融合，赋能高质量发展。

发展，说到底要靠人。"走访中，企业家反映最多的不再是土地或者资金问题，而是人才缺口。"林坚说。

虽然人才总量在宁波居于领先地位，但仍远远不够。"如果这方面不解放思想，那么我们在竞争中就可能失去很多机会。"为此，慈溪打造集创新研发、创业孵化、产业集群于一体的上林英才"链式"平台体系，2023 年以来国家级人才总量增长 200%。

"功不唐捐，玉汝于成。"过去 20 年，慈溪规上企业全员劳动生产率从 4.5 万元 / 人增长到 25.83 万元 / 人，增长 4.7 倍。《2023 年中国中小城市高质量发展指数研究成果》中，慈溪位列全国科技创新百强县市第七，居浙江首位。2023 年，慈溪还夺得首批浙江制造天工鼎。

抢抓机遇提升发展能级

2023 年 10 月，杭州湾跨海铁路桥首个主塔墩桩基施工完成。这是通苏嘉甬高速铁路的关键控制性工程。作为沿线重要站点之一，慈溪不通铁路将成为历史。

"未来，慈溪老百姓不但可以坐上通苏嘉甬高铁，还可以直接搭乘轨道交通到宁波，同城化了！"采访现场，林坚高兴地分享好消息。

16 年前，杭州湾跨海大桥通车为慈溪带来巨变。而今，伴随一批重大交通基础设施工程的落地推进，慈溪由县域经济融入都市圈经济的步子也大大加快。

"如何抢抓发展机遇？就是要把机遇转化为一个又一个实实在在的项

慈溪现代农业开发区（沈赞赞摄）

目。"林坚介绍，当前，慈溪正大力实施"交通提级、城市提能"战略。城市建设的关键是能级品质，这就涉及大量基础设施。

以两个"投资攻坚年"活动为载体，慈溪全面实施扩大有效投资"六大工程"，形成规模达3000亿元的项目储备库。2023年前三季度，慈溪基础设施投资增长47.9%，固定资产投资连续8个季度保持两位数以上增长。

基础设施是"城市提能"的关键抓手，营商环境更是一座城市的核心竞争力。

鸣鹤马头墙（岑丰摄）

在林坚看来，"最好的营商环境就应该是法治环境"。

对标"市场化、法治化、国际化一流营商环境"要求，慈溪开启一系列特色改革。譬如聚焦空间资源优化再配置，慈溪创新出台工业用地全生命周期管理制度，将镇街、园区工业用地审批权统一收回，并对产业准入、标准地供应等进行闭环监管，确保资源向优质项目倾斜。此项成果，也成为慈溪优化营商环境的一张金名片。

在上海大都市圈空间协同规划中，被定位为全球科技创新和智能制造功能节点；在宁波国土空间规划中，被定位为宁波城市北部中心区——今天的慈溪，发展空间无限宽广。

"高质量推动县域经济转型的同时，让县域经济同时成为大都市圈经济的有机组成部分。"这是慈溪未来发展的一大着力点。

打造宜居宜业幸福之城

漫步慈溪，处处可见活力涌动、生机勃勃的景象。这里已成为创新创业的一片沃土。

高质量发展，人是核心要素。慈溪自古就是移民城市，孕育了"围垦、移民、青瓷、慈孝"的地域文化，也形成了开放包容的人文气质。慈溪很早便集聚了来自五湖四海的外来人口。

截至2022年底，慈溪有120多万新市民，已超过106.17万人的户籍人口数目。林坚说："慈溪的建设离不开他们，慈溪的共同富裕也不能忘了他们。"

2006年，慈溪首创和谐促进会。当前，慈溪积极实施"生态美城、幸福暖城"战略，探索新市民服务管理改革，进一步完善组织网络、做优服务管理、创新特色载体，把"异乡客"变成"自家人"。慈溪全市已建起360多个和谐促进会阵地。

入选2023年"全国社会治理创新案例"的"群治分"也是当地基层治理的一大亮点：运用积分激励机制和信用分评价模型，引导新老市民共

上林湖越窑遗址（蒋亚军摄）

同参与文明城市创建、反诈宣传等志愿活动。

"慈溪在全国文明城市的考核中排名靠前，这也要感谢大量新市民的积极参与。"林坚感慨道。

林坚介绍，慈溪正实施"新市民素质提升"工程，每年超过 10 万人获得综合知识和实用技能培训，提高针对性就业能力，有更高的收入、更好的生活品质。

这更是一座有温度的幸福之城。公办中小学学位 1000 个，建设筹集保障性租赁住房项目 28 个，打造"共富工坊"67 家……数据背后，是慈溪高质量发展建设共同富裕先锋市的累累硕果。

采访这天，林坚特地从慈溪带来上林青瓷，造型风韵雅致，釉色青翠匀净。

"九秋风露越窑开，夺得千峰翠色来。"出自唐代诗人陆龟蒙所作《秘色越器》一诗。

以秘色瓷为代表的上林青瓷文化，融入了"秘色瓷都 智造慈溪"的城市品牌。慈溪的发展，也正如上林青瓷一般，底蕴厚重，又焕发新生。

读端丨慈溪破题都市圈经济

汪彬：遵循规律、科学谋划县域经济高质量发展

中共中央党校（国家行政学院）经济学教研部
政府经济管理教研室副主任、副教授汪彬

都市圈经济是人类发展进入都市圈时代的空间集聚效应，一般产生于人口和要素集聚的城镇地区。慈溪市顺应城市空间形态演化规律，积极作为，立足地处城市群优势化地区的区位优势，培育优势产业、吸引要素流入，大力发展都市圈经济、湾区经济（杭州湾），成为引领全国高质量发展的县域标杆，慈溪的发展充分体现了当地党政干部遵循规律、科学谋划抓经济的生动实践。

一是立足区位优势发展特色经济。要素空间分布是不均衡的，人口、产业要素天然愿意往沿海、平原等地区扎推。慈溪市顺应自然地理规律，充分发挥区位地理优势，在上海大都市圈中被定位为全球科技创新和智能制造功能节点，发展产业、集聚人口，成为长三角城市群的县域标杆。

二是注重发挥空间集聚效应。经济学中的规模经济和范围经济能够揭示人口和产业扎推现象带来的好处。慈溪市与时俱进、锲而不舍发展块状经济，培育产业集群，体现了以经济要素集聚降低成本、提高效率的实践创新，打造全国细分市场领域的"单项冠军"，成为经济企稳回升的最大底气。

三是降低制度性成本吸引优质要素流入。市场化程度高、营商环境好、制度性成本低的地区越容易吸引要素流入。慈溪市对标"市场化、法治化、国际化一流营商环境"，夯实基础设施，深化特色改革，以开放包容的氛围吸引五湖四海人才，成为创新创业的沃土。

共同富裕篇

嘉兴市委常委、嘉善县委书记江海洋
在"双示范"中勇当示范生

统筹城乡发展，我们把它作为共同富裕的一个主要抓手。我们的城乡居民收入倍差已经优化到1.54，这个数字是比较优化的。那么接下来我们还要继续来分好这个"蛋糕"，缩小三大差距。一方面我们要通过以城带乡、以工促农来增加农村居民的收入，另一方面要提高公共服务的均等化。

舟山市普陀区委书记孙志龙
向海图强，舟山普陀势昂扬

我们从2022年开始创新推出"共富方舟·健康守护"行动，由浙江大学医学院附属邵逸夫医院和普陀人民医院的专家组成一个专家团队，然后打造了一艘专属的医疗船，每月登临两三个岛，精准地进行巡回医疗体检。以医疗健康的小切口来撬动整个海岛的公共服务大提升，让众多海岛居民享受到与城市接近的优质公共服务。

台州市仙居县委书记崔波
"小县立大志，小城创大业"的仙居故事

我们设计了一个载体，叫"共富夜谈"。通过一系列问计于民活动，也得到了一些好的方法。比如说，我们创建了"神仙大农"，作为区域农产品的公用品牌，实打实地运作了一年，仙居县农民人均可支配收入增速，我们是全台州市第一名；低收入农户人均可支配收入增速，是全省山区26县的第一名，实践证明这个效果还是很好的。

湖州市委常委、安吉县委书记杨卫东

绿色发展，安吉探新路

我们提出了"两入股三收益"利益联结机制，村集体和老百姓在资产入股的基础上，再把绿水青山的大环境资源作为一个很重要的价值变量来入股，通过资产、资源入股，老百姓就实现"三收益"了，既拿租金，又分股金，还得薪金。"两入股三收益"利益联结机制建立起来以后，把项目的运营同老百姓的增收、同当地经济社会的发展紧紧地结合起来。

绍兴市委常委、诸暨市委书记沈志江

"枫桥经验"发源地诸暨展担当

关爱基金、爱心食堂、全城志愿、移风易俗4个方面有机结合起来，是建设精神文明高地的一个努力方向。比如诸暨的爱心食堂，我们办了近300家，老百姓真的是非常开心。2023年火爆的"村BA"，我们把卖票的收入全部捐给关爱基金，再反哺农村。"村BA"也好，爱心食堂也好，一定要让群众明白，"富口袋"是不够的，更要"富脑袋"。

探路共富的"组合拳"

潮新闻记者　薛昊悦

2021年6月10日,《中共中央 国务院关于支持浙江高质量发展建设共同富裕示范区的意见》发布,支持鼓励浙江先行探索高质量发展建设共同富裕示范区。两年多时间里,浙江在实现共同富裕上探路先行上,取得了一系列标志性成果。

近年来,围绕高质量发展建设共同富裕示范区,浙江县域层面的创新思路和改革实践不断。2023年前三季度,浙江全省生产总值59182亿元,同比增长6.3%;居民人均可支配收入49821元,收入水平居全国第三位;城乡居民人均收入比值1.78,同比缩小0.03。

数据背后,是愈加夯实的经济基石、城乡区域的协调发展、优质普惠的公共服务和丰富多彩的百姓生活。

在浙江日报报业集团、潮新闻"潮涌之江·对话县委书记"大型融媒体访谈活动中,多位县委书记详细介绍并深刻阐述了共同富裕示范区探路先行的做法与思考,面对"资源转化路径""缩小收入倍差""提升城市能级"等关键词,县委书记们也给出了自己的观点和答案。

聚焦差距,统筹城乡发展

共同富裕示范区建设的主攻方向,聚焦的是群众感受最强烈的三大差距:地区差距、城乡差距、收入差距。县城连接城市、服务乡村,对三大差距有最深的体会,也有最切实的解决方案。

2022年,嘉善城乡居民收入倍差为1.54,是全国城乡差距最小的地区之一。作为全国唯一的县域高质量发展示范点,"优等生"的解法是什么?嘉兴市委常委、嘉善县委书记江海洋认为,关键还是要持续深化做好统筹城乡发展这篇文章。

借力国家级农村综合性改革试点,嘉善精耕乡村振兴"试验田",不断缩小城乡差距。推进"浙北粮仓"核心区建设,实现粮食总产量14.5万吨以上,打造农业现代化金名片。

此外,依托独特的区位优势,抢抓文旅融合。江海洋提到,2023年前三季度,嘉善旅游人次突破1300万,提前实现"千万游客"目标,接下来要向一年2000万人次的游客量迈进,"要以打造国家级旅游度假区为抓手,力争2025年拉动文旅发展再上一个台阶"。

"蛋糕"越做越大,紧跟而来的,就是如何分好"蛋糕"。

谈到缩小"三大差距"的具体举措,江海洋说:"一方面,我们要通过以城带乡、以工促农来增加农村居民的收入;另一方面,要提高公共服务的均等化。"

提供城乡均等的高质量公共服务,从医疗、教育、养老这些关乎百姓幸福感的"关键小事"着手,是县城打破城乡二元结构、缩小"三大差距"的切入点。

在舟山市普陀区,偏远海岛的居民已经享受到与城市接近的优质公共服务。

"海岛乡村是我们共同富裕的主战场,缩小城乡差异、陆岛差异、岛岛差异,普陀亟须破题。"舟山市普陀区委书记孙志龙介绍,2022年,他通过走访,发现海岛百姓反映最大的还是医疗健康问题。彼时,一艘名为"共富方舟"的海上医疗船承载着希望,驶向孤岛,驶入海岛百姓家。

普陀区从最需突破的海岛医疗健康领域入手,率先试点开展"共富方舟·健康守护"行动:落实专属船只,载着专业医疗团队,每月登临两三个偏远海岛精准开展巡回医疗,让每一名渔村群众都能享受到"家门口"

的医疗服务。

截至 2023 年底，巡回医疗行动已覆盖 16 个住人岛屿，开展健康体检 4050 余人次、义诊 7200 余人次，驻岛老年人健康体检率提升至 90% 以上。

因地制宜，拓宽农村的奔富路

扎实推动共同富裕，农民农村既是重点难点，也是潜力点突破点。如何立足县域资源禀赋，拓宽绿水青山和金山银山间的转化通道，探索出现代化乡村发展路径，对县委书记们而言是一道必答题。

台州市仙居县委书记崔波认为，答案要在群众中找。

2022 年 2 月 11 日，仙居安岭乡，夜晚山里的气温很低，崔波带着仙居县委和相关部门负责同志，在文化礼堂的院子里同村民、村干部、乡贤围坐在一起，一边烤着炉火，一边谈论着共同富裕建设中遇到的困难以及发展的思路和点子。

"好山好水出好茶，安岭乡的好茶叶就是卖不出好价格。""农民一家一户的农产品，消费者购买时担心售后服务没保障。"……在你一言我一语中，村民们遇到的难点、痛点被一一提了出来。

这些问题怎么解决？其他地方有没有可供借鉴的经验？在面对面的坦诚沟通中，发展思路渐渐统一：解决村民的农产品销售困境，需要一个统一的、响亮的品牌。

这次"共富夜谈"后，仙居县委决定在全县打造一个农产品区域公用品牌，由政府出面，为农产品"背书"，让好产品卖出好价格，这就是"神仙大农"的由来。

如今，"神仙大农"打开了局面、打响了品牌，覆盖全县农业从业人数的 80%，开发了九大类 275 款产品，在国家商标局注册了全品类商标。

线下，在仙居城区、白塔以及杭州、台州市区开了4家实体店；线上，入驻淘宝、京东、抖音等电商平台。"神仙大农"品牌体系的农产品销售额达到17.9亿元，门店接待游客超过75万人次，三黄鸡、番薯面等初级农产品甚至一度脱销。

2022年，仙居县农村常住居民人均可支配收入增速居全市第一位；低收入农户收入增速居全市第一位、山区26县第一位。守护绿水青山的仙居农民，真正收获了金山银山。

而作为"绿水青山就是金山银山"理念的诞生地，安吉的绿色发展之路也越走越宽，共同富裕的"含金量"越来越足。

就在2023年国庆长假，安吉梅溪镇红庙村的热门咖啡馆深蓝计划打破了一项全国纪录：10月2日当天，店里卖出咖啡7132杯，刷新全国单日单店咖啡销售纪录。得益于安吉谋划实施的"两入股三收益"利益联结机制，每卖出一杯咖啡，红庙村就能获得49%的分红。

"所谓'两入股三收益'，是安吉依托良好的生态禀赋，在农村广泛推行的一种合作模式。也就是让村集体和村民通过资源、资产入股，在'家门口'拿租金、挣薪金、分股金，从而实现发展与惠民的有机融合。"湖州市委常委、安吉县委书记杨卫东介绍。

这是安吉提高发展"含金量"，探索生态富民系列举措的一个生动案例。眼下，越来越多的乡村资源正在得到盘活和开发，为农村发展和百姓共富赋能。

有"安吉小瑞士"之称的夏阳村，因绝美的露营地走红，村里鼓励农户通过土地等资源、资产入股，涉及的农户每年可以收入1000元/亩的租金和1000元/亩的分红；全村60周岁以上的老人，统一购买600元的大病统筹保险，70周岁以上的老人，统一组织肿瘤体检；户籍在本村的村民，每年能领到300元的生态保护奖励金。

"紧密的利益联结机制，联到了老百姓心坎上，村里人心齐了、信心足了，发展的劲头也就更强了。"杨卫东说。

富了口袋，更要"富脑袋"

2021年，中央提出支持浙江高质量发展建设共同富裕示范区。同年，诸暨市入选打造精神文明高地领域首批试点。在绍兴市委常委、诸暨市委书记沈志江看来，共同富裕除了"富口袋"，更要"富脑袋"。

近年来，诸暨以打造精神文明高地领域首批试点为引领，开展了"浙江有礼·'枫'尚诸暨"文明新实践，全面提升"关爱基金、爱心食堂、全城志愿、移风易俗"四大场景运行质效，常态化办好"村BA"等文体赛事，让文明成为诸暨最鲜明的城市标志。

2023年6月18日晚，诸暨暨阳体育中心座无虚席，人人翘首等待一场巅峰对决：诸暨市大唐街道杭金七村队和陶朱街道城山社区队两支"草根"球队，争夺诸暨"村BA"总决赛冠军。

热爱篮球的沈志江对这场比赛也格外关注。"决赛之前，村里说比赛太火爆，场地承受不了，我说那就到CBA（中国职业篮球联赛）总决赛举办的地方——暨阳体育馆去。"沈志江回忆。体育馆大家都抢着要去，怎么办？卖票——18元、28元，最贵的88元，短短两天，门票就被一抢而空。而源自"村BA"的门票收入又全数捐给了关爱基金，为村社服务老人居家养老就餐的爱心食堂提供支持，反哺农村。

"'村BA'也好，爱心食堂也好，我们组织群众、发动群众、依靠群众、关心群众，让群众了解这个事情的好处，让群众明白，共同富裕光'富口袋'是不够的，还要'富脑袋'。"沈志江说。

在"地嘉人善"的嘉善县，精神富有、文化先行同样是推动共同富裕与高质量发展的密码。

2023年11月10日，第七届中国嘉善·善文化节开幕式暨嘉善县第十届道德模范颁奖典礼举行。开幕式上，2023年度"善文化"指数发布。经测算，2023年度嘉善"善文化"指数得分920.18分，处于优秀水平。自2021年嘉善县首次发布"善文化"指数以来，这个涵盖社会生活方方面面的文化指数已连续3年保持增长。

善文化，是嘉善县特有的地方人文精神和县域文化核心品牌，已经成为嘉善人民共同的文化基因，还被中央文明办列为培育和践行社会主义核心价值观的重点工程。

嘉兴市委常委、嘉善县委书记江海洋介绍，这些年，嘉善不断挖掘善文化内涵，加大正能量宣传，将善文化建设与提升城市发展能级、建设宜居宜业环境、提供高水准公共文化服务等融会贯通，深挖文化标识发展内生动力，做好以文化人、以文惠民、以文兴业三篇文章，推动共同富裕与高质量发展先行示范。

经济篇

衢州市衢江区委书记王慧杰

解开衢江山区县高速发展的密码

近年来，我们不断深化新时代"千万工程"实践，持续推动农村人居环境和乡村风貌提升。这次"千万工程"全国现场会，我们高家镇盈川村作为其中一个考察点。过去这个村一直缺少规划，没有项目，找不到发展方向。整治下来效果还是非常好的，现在已经成为附近一带比较知名的网红村，每天游客络绎不绝，村里100多间民宿房间，几乎每天客满。

湖州市委常委、安吉县委书记杨卫东

绿色发展，安吉探新路

18年来，我们坚定不移地坚持"绿水青山就是金山银山"理念，沿着"绿水青山就是金山银山"的路子走下去，一路走来，取得了丰硕的成果。这背后的核心密码，就是我们始终坚定不移沿着"绿水青山就是金山银山"转化的路子，不断地促进经济社会发展，走绿色发展之路。

台州市仙居县委书记崔波

"小县立大志，小城创大业"的仙居故事

第一，树立企业家的信心——发展的信心和发展的决心。怎么树立信心？要通过我们的具体行动告诉他们，带着他们干。第二，我们认为，还要给他们实在的东西，也就是对工业、对企业的重视。

宁波市委常委、慈溪市委书记林坚

"第一强县（市）"破题都市圈经济

营商环境其实就是一个核心竞争力。我的理解，最好的营商环境就应该是法治环境，而不是靠一事一议。不管是本地的企业家，还是从外面招来的企业家，要让他们感受到这个地方公平、公正、透明、法治化。法治是基础，他们对法治化的一些想法和建议，我们要有及时的回应。

杭州市委常委、余杭区委书记刘颖

打造杭州城市重要新中心，奋勇争先向未来

余杭从一个农业大县成为全省的科技创新高地、经济发展的强区，我们总结经验，最重要的一点就是树立创新驱动人才理念。所以，接下去，余杭要继续保持这样一种良好的发展态势，仍然要坚持"人才引领、创新驱动"不动摇。

丽水市缙云县委书记王正飞

"小县大创新"的缙云"解法"

我们提出一个工作理念，叫"创新是最好的创业"。我认为，最有活力、最有基础，拉动缙云发展最具潜力的，就是在科技方面的创新。为此，我们搭建了县内县外两个"3+N"创新动力体系。县内比如企业、创新平台、研究院、高校和社会的创新，政府科技投入的联动，搭建了两个工业园区和县城的三个科创中心，再加企业"N"，再加研究院，再加大学，这么一个体系。

勇挑大梁的"新引擎"

潮新闻记者　汪江军

浙江是我国6个经济大省之一，各具特色和极具活力的县域经济为浙江经济这根大梁提供了重要支撑。改革开放40多年来，浙江县域经济快速崛起，以特色产业和块状经济为主的模式，成为全国各地争相学习的先进典型。

从浙江"经济第一区"、科创高地的余杭，到"绿水青山就是金山银山"理念诞生地安吉，从相对欠发达的山区县缙云到"世界小商品之都"义乌，浙江这些自然资源禀赋迥异、历史基础和传承各不相同的区（县、市），均走出了各自的高质量经济发展之路。

2023年12月20日，浙江省委经济工作会议在杭州召开。会议强调，推动经济运行持续回升向好，努力实现质的有效提升和量的合理增长，以浙江的"稳""进""立"为全国大局多作贡献。

在浙江日报报业集团、潮新闻"潮涌之江·对话县委书记"大型融媒体访谈活动中，面对新的时代命题，我们努力从浙江县委"一把手"们的回答中寻找经济发展这道大题的解题思路。

科技创新作驱动

科技创新如同撬动经济社会发展的杠杆，总能迸发出令人意想不到的强大力量。习近平总书记深刻指出，我国经济发展要突破瓶颈、解决深层次矛盾和问题，根本出路在于创新，关键是要靠科技力量。

作为阿里巴巴全球总部所在地，科技与创新，是这些年余杭快速崛起的密码。杭州市委常委、余杭区委书记刘颖认为，坚持"人才引领、创新驱动"不动摇，是余杭从一个传统农业大县发展成为全省科创高地的制胜法宝。

致力于全球创新策源地建设，余杭已形成科研重器集群发展之势。刘颖表示，将全力争取更多"国之重器"落户余杭，引导行业龙头企业联合重点实验室、高校科研院所和行业上下游企业共建产业创新联合体，争创综合性国家科学中心核心承载区。

同样，在浙江经济第二区的慈溪，创新也具有举足轻重的地位。宁波市委常委、慈溪市委书记林坚表示，"工业立市，创新强市，这是我们必须坚持的首位战略"。

当下，慈溪正强力推进传统块状经济、镇村工业集聚区"两项整治"，打破"瓶瓶罐罐"，实现提质增效，同时，加快以科技创新塑造发展的新动能、新优势。

创新，不仅是发达地区保持领先的法宝，而且成为山区经济腾飞的重要抓手。作为山区 26 县之一的丽水缙云，县委书记王正飞表示，缙云将工业作为创新的主战场，拿出力度空前的科技新政和产业创新基金，超前布局县内县外两个"3+N"创新动力体系。县内，以中心城区、丽缙高新区和丽水高新区 3 个科创平台为牵引；县外，以杭州、上海、深圳 3 个科创飞地为跳板，搭建起"招引、落地、培育、产出"全生命周期项目服务机制，集聚各类高端人才和创新要素，探索生态工业发展新模式。

王正飞在对话中提到一组数据：县本级财政科技拨款从 2018 年的 0.42 亿元上升至 2022 年的 1.89 亿元，年均增长达 45.65%。

数据背后，是创变的决心。缙云在全省率先开展企业"创新论英雄"，建立起 5 个层级全域辐射的企业自主创新研发体系，让企业唱主角。全县 2500 多家企业，你追我赶，不仅"比规模、比利润"，更"比设备、比研发"。

生态环境是底色

作为"绿水青山就是金山银山"理念的诞生地，绿色，是浙江生态文明画卷中最亮丽的底色。

湖州市委常委、安吉县委书记杨卫东坦言："这些年，安吉发展的核心密码就是始终把绿水青山作为最大优势、最宝贵资源，把践行'绿水青山就是金山银山'理念作为不断取得发展进步的最大底气。"

杨卫东表示，依托良好的生态资源，安吉打造了竹林碳汇、安吉白茶、全域旅游等一批特色产业。2023年，安吉更是在林地空间治理、土地生态溢价、区域公用品牌"安吉优品"打造等一批改革实践上持续发力。

2022年，素有"中国第一竹乡"之称的安吉，全县竹产业总产值近166亿元，以全国1.8%的立竹量创造了全国10%的竹业产值。小竹子撬动大产业的支点，是产业链的优化升级。

在衢州市衢江区，有一个将生态保护转化为经济发展的鲜活案例。2023年10月，全国学习运用"千万工程"经验现场推进会在浙江举行，衢江区高家镇盈川村入选考察节点。

2022年6月，盈川村以未来乡村试点创建为契机，探索整村经营模式，统一收储闲置资源，整体规划、开发、招商、运营，把美丽风光转化为美丽经济。

"整治下来效果还是非常好的。现在（盈川村）已经成为附近一带比较知名的网红村，每天游客络绎不绝。"衢州市衢江区委书记王慧杰的介绍中带着自豪，"村里100多个民宿房间，几乎每天客满，无论是工作日还是休息天。"

同样的变化也在义乌李祖村发生，一边是树绕村庄、水满陂塘，是抬头见山的生活热土，一边是创客空间、共富市集，是近悦远来的创业智谷。可过去，这座小村曾被称为"水牛角村"，是看不到发展希望的村庄，脏、乱、差、穷远近皆知。

2003 年，浙江启动"千村示范、万村整治"工程。李祖村也着手整治村容村貌。人居环境改善了，李祖村招引来各类创业主体，村中咖啡馆、扎染坊、甜水铺等纷纷涌现，创造了共同富裕新图景。

金华市委常委、义乌市委书记王健说，不仅是李祖村，通过"千村示范、万村整治"工程，义乌开始发力全域旅游，打造出 10 条美丽乡村精品旅游路线。这些旅游路线串接在一起，可以形成一条长达 280 千米的精品线路，然后以点、线、面的形式，形成全域旅游的格局。

营商环境为抓手

每年年初，各地的"开年第一会"总是聚焦于优化营商环境。优化营商环境对提振企业发展信心至关重要。2023 年初，全省营商环境优化提升"一号改革工程"大会提出，对标国际一流、锚定全国最好，全面打造一流营商环境升级版。

在浙江的县委书记们心中，"营商环境"一词也占据重要地位。台州市仙居县委书记崔波表示，仙居坚持"企业的问题问企业家"，传递县委、县政府大抓工业的信号，倾听企业家最真实的声音。

2021 年 12 月 16 日，高质量打造仙居 200 亿元级医化产业座谈会召开，工作人员给参加座谈会的企业家们发了信封和纸张，任何想法都可以写下来，不署名给县委、县政府"递条子"。座谈会结束时，县委书记崔波一一收集装着各种意见建议的信封，并统一梳理交办。

此外，仙居县四套班子领导带头，逐家走访重点企业，分行业召开座谈会，倾听企业家诉求。企业家反映的问题一个一个被解决了。两年多来，仙居县出台各类涉工惠企政策 30 多项，解决企业反映共性问题 26 个，"亲""清"新型政商关系更加清晰而稳固，企业家的信心也更坚定。

问计于企业，不断化解企业发展中的难点和痛点，仙居营商环境逐步得到优化和完善。

营商环境是一座城市的核心竞争力。在宁波市委常委、慈溪市委书记林坚看来，"最好的营商环境就应该是法治环境"。

对标"市场化、法治化、国际化一流营商环境"要求，慈溪开启一系列特色改革。譬如聚焦空间资源优化再配置，创新出台工业用地全生命周期管理制度，将镇街、园区工业用地审批权统一收回，并对产业准入、标准地供应等进行闭环监管，确保资源向优质项目倾斜。此项成果成为慈溪优化营商环境的一张金名片。

杭州余杭区则主打做好服务，让来此创业的人操最少的心。

以梦想小镇为例。2014年，政府提出"我负责阳光雨露，你负责茁壮成长"的口号，余杭梦想小镇诞生。在余杭，创业者只需要专注把项目做好。梦想小镇坚持推进政务服务改革，打造宽松的营商环境，为创客提供一键全包式服务。

创业有风险，余杭还为创业者推出了两项特色服务：创业贷和创业失败险。年轻人创业，资金上有困难，政府给你贷款；创业失败险保险两年，万一创业失败，给予赔付。

不仅仅是在梦想小镇，"我负责阳光雨露，你负责茁壮成长"的理念渗透在余杭的每一方热土。

基层治理篇

绍兴市委常委、诸暨市委书记沈志江

用新时代"枫桥经验"为乡村治理赋能

我觉得，60 年来"枫桥经验"能历久弥新，从一个农村小乡镇走向全国，离不开三个方面：第一个就是一直坚持党的领导，党建引领；第二个是一直坚持群众路线，让老百姓明白这个事情要怎么做，做了以后对大家有什么好处，充分组织群众、发动群众、依靠群众、关心群众；第三个就是坚持基层自治，老百姓觉悟提高，就形成一股伟大的力量，所以自治，比如村规民约、乡贤调解等，都是促进社会和谐进步的好方法。

台州市仙居县委书记崔波

"共富夜谈"问计于民

我们找到了一个好方法，什么样的事情就找什么样的人去商量，企业的事情找企业家去商量，农业农村农民的事情找农民多商量。2022 年 1 月我们设计了一个载体，叫"共富夜谈"。最早是在仙居最西边的乡镇安岭乡一个文化礼堂里进行的。当时谈得很好，群众用自己的语言跟我们聊，我们的"共富夜谈"问计于民也得到了一些好的方法。

温州市龙港市委书记何宗静

市管社区怎么管？四套班子每周二下沉到社区一线

原来龙港市有 199 个村居，后来我们通过村规模调整，合并成 102 个社区，在社区的基础上，又划分为 469 个网格和 3311 个微网格。我们也动员社会组织、党员、志愿者、能人贤士，将他们整编录入，这个网格也会更加强大起来。我们要求 70% 的干部下沉到社区，下沉到网格当中去。每周二都是"无会日"，四套班子和干部全部下沉到社区网格一线去开展工作。我们开玩笑说，我们既是县里的四套班子，又是乡镇干部，更是社区干部。

丽水市缙云县委书记王正飞

多措并举化解农村宅基地纠纷

在接触过程当中，我感觉老百姓现在比较关注自己生活条件的基础方面，比如宅基地。对此，我们出台了新的政策、办法。在农村，以前管理相对比较混乱，可能原来标准、规矩等都比较多。现在我们每年拿出部分土地指标，用于保障农民宅基地建设。宅基地方面的纠纷虽然仍会出现，但总的来讲，我们是以疏导为主。这几年，我们还通过多种措施解决了很多源头问题。

舟山市普陀区委书记孙志龙

"海上枫桥经验"将矛盾化解于无形

很多矛盾纠纷发生在海上，矛盾发现难，动态管理难，调解处理更加难。针对这种情况，我们 2023 年开始联合宁波海事法院，建设了全省首家实体化运营的"海上融治理中心"。把海上所有渔船都划入了海上网格，每一个网格都有网格长，一般由共产党员担任，每一艘远洋渔船上面都有一个政治指导员。我们目前打造的方向就是"小事不上岸、大事不出港、矛盾不上交"。打造新时代的"海上枫桥经验"，效果非常好。

治理基层的"最优解"

潮新闻记者 黄慧仙 董 洁

社区，是社会治理的"最后一公里"。构建基层社会治理新格局，要完善群众参与基层社会治理的制度化渠道。

如何破解新时代基层治理难题？在浙江日报报业集团、潮新闻2023年11月发起的"潮涌之江·对话县委书记"大型融媒体访谈活动中，一项项来自基层一线的鲜活实践，为这一问题提供了更多"浙江答案"。

从"共富夜谈"到新时代"枫桥经验"，从"市直管社区"扁平化改革到"海上融治理中心"建设……当前，浙江正全力打造社会治理的县域样本，让群众的获得感更强、幸福感更高、安全感更足。

以人民为中心，打造共建共治共享新格局

几只火盆，漫天星光，一路聊至晚上九点半……台州市仙居县委书记崔波犹记得2022年初在安岭乡的那场"围炉夜谈"。

走过一个半小时的山路，崔波和当地村干部、村民，还有归来的乡贤，在一个文化礼堂的院子里，围着火盆讨论村子的发展问题。"大家都很关心家乡建设，讨论的氛围很好，碰撞出了很多好想法。老百姓送我们走的时候，路不好走，大家都打着手电筒为我们照明，心里暖暖的，也更有了底气。"崔波这样描述当天的情景。

在崔波看来，如何增收致富、工作要从哪里抓，首先要做的仍然是坚持"群众的问题问群众"，到群众当中找答案。为此，仙居县四套班子带队，深入镇村进行调研，开展"共富夜谈"，面对面听取建议、倾听民声，为发展支招，激发了不少新思路、好想法。比如，推出了"农民持股""村集体入股"农村共富"两个计划"，增加群众和集体的持续性收入，各个乡镇（街道）都因地制宜推出"共富工程"。

共建的力量来自人民，共治的智慧出自人民，共享的成果为了人民。仙居县的"共富夜谈"正是这一理念的一项生动实践。在连日访谈中，谈及社会治理的经验，来自浙江基层一线的县委书记们频频提及"群众路线"一词。

在绍兴市委常委、诸暨市委书记沈志江看来，"枫桥经验"之所以能历久弥新，从农村走向全国，也正是因其始终坚持和贯彻党的群众路线，充分发动群众、组织群众、依靠群众，解决群众自己的事情，做到"小事不出村、大事不出镇、矛盾不上交"。

"把老百姓发动起来，他们未必会比我们干得差，群众是一股伟大的力量。"沈志江说，像各种村规民约的制定，乡贤调解村中矛盾，等等，都是促进社会和谐进步的很好的方法。

作为"枫桥经验"发源地，诸暨用心用情用力做好"送上门来的群众工作"，落实领导干部常态化下沉接访机制，切实把矛盾化解在基层、解决在网格，持续放大"枫桥经验"与领导干部下访接访制度融合的"雪球效应"，居民投诉率逐年下降。

紧紧依靠人民、一切为了人民，共建共治共享的社会治理制度把社会治理变成亿万人民参与的生动实践，让人民群众成为社会治理的最广参与者、最大受益者、最终评判者。

联通"毛细血管"，激活社会治理的"神经末梢"

社会治理千头万绪，如何在千头万绪中下好"绣花功夫"？

从"大脑中枢"的顶层设计与"神经末梢"具体执行的联动，到联通

"毛细血管"、激活"神经末梢",各地社会治理实践千帆竞发,涌现出一批卓有成效的治理新样本,收获了许多鲜活的社会治理新经验。

位于浙江省温州市鳌江之畔的龙港镇,曾因农民自费造城名扬海内外,被誉为中国第一座"农民城"。2019年8月,龙港镇获批直接升格为县级市,成为全国首个"镇改市"。设市以来,龙港在机构编制数比全省县、市、区明显偏少的情况下,实现有效承接100%的县级权限事项,走出了一条"大部制、扁平化"运转的新路子。

透过改革的宏观视野,细微至社会治理领域,龙港推行"市直管社区"扁平化改革——龙港不设乡镇、街道层级,以党建联建为抓手,实施全域社区化、网格化改革,实现90%以上事件在社区层面就近从快解决。

"网格化"是近年来各地推行的社会管理模式。一个个网格如同一个个细胞,感知社会最细微的变化。发现、分析、解决、核实反馈问题,环环相扣,构成无缝对接的网络。

据温州市龙港市委书记何宗静介绍,龙港原有199个村,后来通过村规模调整,合并为102个社区;之后,龙港又在社区的基础上划分了469个网格和3311个微网格,70%的干部下沉到社区网格中,从而大大充实了网格力量。

"每周二是我们的'无会日',四套班子和其他干部全部下沉到社区网格一线去开展组团式服务。所以我们既是县里的四套班子,也是乡镇干部,更是社区干部。"何宗静说。

在有着丰富基层治理经验的县委书记们看来,把资源和力量下沉到基层,因地制宜、创新实践、上下联动、分工负责,可以逐步解决基层社会治理能力偏弱的难题。

发源于浙江的"枫桥经验",成为浙江社会治理的"金钥匙"。在打通影响基层治理效率的痛点、堵点上,这些历经考验的好经验,也影响着浙江更多的地方。

在丽水市缙云县委书记王正飞看来，宅基地纠纷是目前基层较为常见的一类矛盾。"针对此类纠纷，我们还是以疏导为主，每年有专门的相关政策，用于保障农民宅基地建设；另外就是通过下访，从源头上解决了很多问题。"

智慧治理，让社会治理更"聪明"

在舟山市普陀区沈家门渔港，有一道独特的风景线：千艘渔船整齐排列，桅杆如林，小舢板有序穿梭在船与岸之间。作为"网格化管理、组团式服务"的起源地，近年来，普陀区将"枫桥经验"从陆地推广到了海上。

"远洋渔船在外面，渔民在海上，他们的家庭在岸上。他们所需要的社会治理中心与寻常社区是不同的。"舟山市普陀区委书记孙志龙说。鉴于此，2023年，普陀区立足渔区实际，联合宁波海事法院，建设了全国首家实体化运营的"海上融治理中心"，通过陆海联动、港域智治，实现"小事不上岸、大事不出港、矛盾不上交"。

接下来，普陀区还将深化打造"航行的支部""平安小苑"等载体，持续促进社会高效能治理。

大数据、互联网赋予社会管理更高的"智慧"、更强的"能力"。在不少县委书记看来，"智慧治理"的科技创新把需求者和解决问题的部门机构整合对接起来，把精细化、标准化、常态化理念贯穿治理全过程。

在这方面，龙港市创造性地推进"全域整体智治"的数字化改革。据温州市龙港市委书记何宗静介绍，龙港市推动社会治理、城市运行、智慧城市"三个中心"一体融合建设，实现城市运行"全域感知"和城市治理"一网统管"，"通过数据的整合归集，我们可以对社会治理情况进行更具系统性的分析研判，还能开展矛盾调处、协同指挥等；通过一个数字平台，我们就能及时看到每个部门、每个单位的表现情况；通过人事贯通、以事找人的形式,社会治理的主线变得更为清晰"。

此外,应对网络舆情,也对政府社会治理能力提出挑战。

前几年,普陀区建造一污水处理站引发的风波,令孙志龙印象深刻,更使他开始思考线上动态发布与线下依法处理相结合的社会治理舆情处置机制建设问题。

"当时,这件事的线下处理相对平稳,但由于未及时做好线上与线下的互动配合,事情在网上引起了较多的讨论。"孙志龙说。后来,他们及时改进了工作的方式方法:线下的工作组找根源,真正做通老百姓的思想工作;在网络上及时发声,通报现实情况,以减少谣言传播。"新时期党委政府要更加重视融媒体建设和应用,及时发布信息、回应关切、引导舆论。"

不断提高社会治理社会化、法治化、智能化、专业化水平,是与时俱进、永不停步的过程,也是浙江基层治理的新探索、新贡献。在一场场县委书记经验分享中,一幅全民共建共治共享的社会治理新画卷正在徐徐展开。

科技创新篇

杭州市委常委、余杭区委书记刘颖
全力建设全球创新策源地
要引导区内创新龙头企业和高校、科研院所、大科学装置等，组建创新联合体，政府引导企业主体，把资金链、人才链、产业链做大做强，这样区域范围内创新氛围会越来越浓。杭州现在提出要建设综合性的国家科学中心，余杭的目标就是成为中心的核心承载区。

宁波市委常委、慈溪市委书记林坚
培养更多"专精特新"企业，提升竞争力和创新力
慈溪有20万以上的经济主体，其中有6万多家企业，这里面又有2200多家规上企业，要实现其科研创新全覆盖，就需在这里面培育更多的创新型企业，培育更多的"专精特新"企业。整个慈溪现有58家国家级"专精特新"企业，我们希望一轮一轮地去推进，而且能推动更多的企业成为"专精特新"。企业能够成为"小巨人"，其主要核心竞争力就体现在细分市场上，尤其是创新能力强于对手。

绍兴市委常委、诸暨市委书记沈志江
加快科创平台建设，推进创新深化
我们这几年引进了很多平台：跟浙江大学合作，成立了浣江实验室；跟西安交通大学管晓宏院士合作，成立了网络空间安全研究院；还成立了中俄（诸暨）国际实验室、香港科技大学（广州）—诸暨联合创新中心。这些都是推进创新深化、建设创新平台的关键之举。

丽水市缙云县委书记王正飞
加快科创平台及体系建设
围绕以科技创新为代表的创新体系建设，我们搭建了两个"3+N"创新动力体系。县内比如说企业创新平台、研究院、高校和社会的创新，政府科技投入的联动，搭建了工业园区和县城的三个科创中心。在县外又搭建了一个"3+N"体系，杭州一个科创中心，上海一个科创中心，深圳一个科创中心。

温州市龙港市委书记何宗静
一手抓科创，一手抓引才
我觉得，我们这个城市想要发展好，一个是要抓科技创新，二个还是要抓住人才。所以我们这几年每年财政上的惠企政策，更多是体现在技改补助上，还有就是人才招引的一些优惠政策。

力推创新的"快车道"

潮新闻记者　黄慧仙　曾杨希

多年来，浙江县域科技创新取得了长足进步，对县域经济社会发展的支撑作用显著增强。

实施创新驱动发展战略，基础在县域，活力在县域，难点也在县域。如何进一步提升县域科技创新能级？如何让科技创新距离实际需求更近、更有效率，由此激发县域创新活力？一县的创新又有哪些政策解法？

在对浙江多个县（区）委书记的访谈中，这些"创新之问"的答案逐渐清晰。

搭建高水平创新平台

俯瞰杭州城西科创大走廊，余杭片区在其中占据着重要位置，高能级科创平台呈集群之势：之江实验室、良渚实验室、湖畔实验室、天目山实验室4家浙江省实验室正逐步形成新型实验室体系；引进中法航空大学等高水平研究型大学；打造梦想小镇、人工智能小镇等企业科创平台……

杭州市委常委、余杭区委书记刘颖说，建设全球创新策源地是余杭区的一大目标，"余杭已形成科研重器集群发展之势。我们将全力争取更多'国之重器'落户余杭，引导行业龙头企业联合重点实验室、高校科研院所和行业上下游企业共建产业创新联合体，争创综合性国家科学中心核心承载区"。

比高水平创新平台搭建更为直观的，是创新驱动下的经济高质量发展。2023年前三季度，余杭全区实现GDP 2130亿元、增速9.1%，继续保持总量全省第一，呈现高基数上高增长。

把科技创新"关键变量"转化为高质量发展的"最大增量"，助力首位产业积蓄新优势、焕发新活力。余杭区，是浙江县域创新的一大缩影。

绍兴市委常委、诸暨市委书记沈志江介绍，2022年以来，诸暨以建设高能级创新平台为突破口，着力加强关键核心技术攻关和科技成果转化，持续提升科技创新能力和核心竞争力，完成了西交网络空间安全研究院、中俄（诸暨）国际实验室和浣江实验室三大重点实验室建设。

高能级创新平台效能提升，为诸暨传统产业的改造提升与新兴产业的引进培育注入了强劲动能。"智能视觉和航空航天是当前诸暨重点培育的两大新兴产业。创新平台、创新中心等的建设将成为激活创新资源、促进科技成果转化、实现创新驱动的关键举措。"沈志江说。

"校地合作"共建实验室，构建平台、研发机构，因地制宜规划打造科技城……围绕"315"科技创新体系建设，更多创新要素正在县域集聚。

强化企业创新主体地位

"慈溪有20万以上的经济主体，其中有6万多家企业，这里面又有2200多家规上企业，要实现其科研创新全覆盖。"宁波市委常委、慈溪市委书记林坚说。慈溪全市拥有国家级"专精特新"企业58家。这些企业能成为"小巨人"，最主要的竞争力就是创新能力，在细分市场上的开拓能力是强于对手的。

近年来，浙江企业创新主体地位不断增强，企业日益成为经济发展、创新投入、创新产出的重要主体。从省域聚焦至更为微观的各县域，企业创新主体活力表现更为具象生动。在众多县委书记看来，推动企业成为科技创新主体，才能让科技创新距离实际需求更近、更有效率。

位于丽水市缙云县的浙江金马逊智能制造股份有限公司（简称金马逊）

聚焦弯管装备和精密导管制造，先后与浙江大学、南京航空航天大学、北京航空航天大学、西北工业大学建立合作关系。2023年，以金马逊为主体的科研成果"航空航天复杂难加工金属导管成形成套系统研发及产业化应用项目"获浙江省科学技术进步奖一等奖，企业订单已排到2024年。

"我们系统布局了两个'3+N'创新动力体系，已形成中心城区、丽缙园、经济开发区3个科创平台，同时在上海、杭州、深圳成功布局3个科创飞地。此外，还培育出一批企业创新主体，进一步激发创新驱动内生动力。"丽水市缙云县委书记王正飞说。

夯实企业科技创新主体地位，还要求企业牢牢把握创新主观能动性，提前布局创新链，积极探索集聚企业内外部的技术、人才和资金等创新要素的途径和方式。

正如访谈中杭州市委常委、余杭区委书记刘颖所说，要引导县域内的创新龙头企业和高校、科研院所、大科学装置等加强合作交流，组建创新联合体，以企业为创新主体，做强资金链、人才链、产业链，从而在县域范围内营造浓厚的创新创业氛围。

多样政策"解法"营造创新生态

从集聚创新要素到激发科技创新活力，县域创新"毛细血管"的打通，还离不开政府的政策支持和精准服务。

与大中城市相比，县域经济发展水平不均衡，科技成果转化率较低，导致县域创新资源要素集聚难，难以吸引高层次创新人才。正是看准这一堵点，杭州市委常委、余杭区委书记刘颖提出，要将余杭区打造成为科技成果转化的首选地。

"只有把科技成果就近转化、就地转化，'沿途下蛋'，科技创新才有意义。"刘颖说，接下来余杭区将健全完善科技服务与成果转化机制，加快引进和培育科技、金融等中介服务机构，提供一流的营商环境，推动创新链、产业链、资金链、人才链深度融合。

在浙江各县（区、市），系列政策打造优良创新生态的例子不在少数。

"产业的核心就是科技创新，近年来，龙港市每年出台多项惠企政策，包括企业技改补助、人才招引优惠政策等。"温州市龙港市委书记何宗静表示。

从推动科技成果转化到人才招引，从强化企业科技创新主体地位到打造产业链上下游配套生态，从加大科研经费投入到科学规划新兴产业布局……在县域创新这张答卷上，这些来自基层一线的县委书记，给出了各自的政策解法。

在 2023 年 11 月的全省创新深化大会上，浙江 12 个地方举起 2022 年度科技创新鼎，其中就包括杭州市余杭区、嘉兴市嘉善县、丽水市缙云县等多个县（区、市）。科技创新鼎是浙江省科技创新工作最高荣誉，也是县域创新生态活力的最好见证。

放眼一县之域，处处涌动创新活力，更有诸多科技创新潜力留待挖掘。浙江也正以科技创新为笔，绘出高质量发展的新图景。

文旅篇

绍兴市委常委、越城区委书记徐军
推动文商旅深度全面融合
我觉得还是要做深或者坚持文商旅的全面融合。全面融合的过程当中，其实也要坚持三个方面：第一个是融的深度，我们希望把文化的厚度转化成为产业的高度；第二个是融的新意，老百姓消费的冲动永远在，关键在有什么样的抓手，以什么样的形式去吸引他们；第三个就是融的质量，要有一些固定的场所，让老百姓时不时会想要去那个地方。

湖州市委常委、安吉县委书记杨卫东
建立"两入股三收益"机制，推进农民利益联结
"绿水青山就是金山银山"，绿水青山就是我们最大的资源，没有擦亮绿水青山这样一个底色，不可能有全域旅游这样一个现状，所以我们县委就出台了改革文件，提出了"两入股三收益"的利益联结机制。

台州市仙居县委书记崔波
打造"现代化中国山水画城市"
仙居是一个旅游城市，旅游是金名片，要大张旗鼓地抓。我们提出一个定位，叫世界级旅居目的地，到我们这么一个小城，感受生态，享受慢生活。我们历届县委提出的"中国山水画城市"，很符合仙居的城市定位，不能变。仙居历任领导抓的旅游金名片，很契合仙居的发展时机，不能变。比如说"中国山水画城市"，前面要加上一个"现代化"，赋予它更加饱满的工作内涵，这就是继承式发展。

舟山市普陀区委书记孙志龙
海岛旅游新探索，构建立体化就业培训体系

利用我们海岛旅游资源众多的优势，加上农村闲置土地、闲置房产比较多，鼓励搞渔家乐、搞民宿，这是一条很好的发展道路。但在这个过程中，政府首先要提供全方位的服务，打造一个立体化就业培训体系。因为大家都没经验，不然谁来搞？所以我们在所有乡镇搞民宿的地方，都要求年轻干部结对民宿，做民宿发展的指导员，要出主意。全方位立体化的就业培训体系，是我们这两年主要在做的。

衢州市衢江区委书记王慧杰
人口增长能促进旅游业发展

我们通过整村运营，让闲房变民宿，让闲人变管家，让闲地变园区。旅游其实需要大量的人口，特别是一些基础性人口，来带动旅游相关产业的发展。如果缺少这些基础性人口，那么我们有些产业就难以持续地发展。实际上，正是工业发展了，大量的外来人口流入，把我们的人口基本盘做大了，我们的旅游也会相应地发展得更好。

发展文旅的"新密码"

潮新闻记者 徐 婷

在浙江，旅游的选择有很多种：或寄情山水，或探索文脉；能徜徉冰雪，也能纵享海洋……2023年前三季度，国内旅游达到36.7亿人次，实现旅游收入3.7万亿元，同比分别增长75%、114%。旅游市场已进入全面复苏阶段，浙江各县（市、区）正奋楫笃行，探索文旅产业的发展密码。

同时，文化和旅游部会同浙江省深入调研梳理，提炼了文化和旅游赋能高质量发展建设共同富裕示范区的典型经验做法。这是贯彻落实《中共中央 国务院关于支持浙江高质量发展建设共同富裕示范区的意见》的重要探索和实践成果。

在浙江日报报业集团、潮新闻2023年11月发起的"潮涌之江·对话县委书记"大型融媒体访谈活动中，各位县委书记也频频唠起"文旅家常"、创新做法：既有单个热门景点的致富探索，也有全域齐头并进的统筹谋划。以文旅为抓手，谋全局之发展，标准先行、提升服务、打造品牌、立足民生，县域旅游不仅成为浙江文旅发展的"硬实力"，更赋能了县域经济高质量发展。

盘活资源，唱好文旅融合致富经

深挖文旅IP，创新经营模式，将资源转化为百姓实实在在的收益，县域文旅无疑是一项富民产业，复苏文旅也成了各县（市、区）面临的一大考题。

2023年10月，全国学习运用"千万工程"经验现场推进会在浙江举行，衢州市衢江区高家镇盈川村入选考察节点。衢州市衢江区委书记王慧杰在介绍经验时提到，当地特别注重乡村资源的盘活和村里产业的培育。

盈川村的发展，就与盘活的文旅资源密不可分。这里有深厚的文化底蕴，但是一直缺少规划，没有项目，也找不到发展方向。

2022年起，盈川村积极探索"旅游公司＋村集体＋村民"的整村运营模式，统一收储闲置资源、整体规划和开发。渐渐地，游客多了，民宿满房，还有外国友人特意赶来，就为了领略盈川村的魅力。

如今，盈川村已实现"让闲房变民宿，让闲人变管家，让闲地变园区"，2023年累计接待游客逾35万人次，带动旅游消费增长近1000万元。

王慧杰介绍，在衢江区，有20个村集体都采用这一经营模式，累计带动村集体收入7000多万元，让1400多名农户尝到了甜头。

串点成线，连线成片，"合纵连横"会让文旅产业发挥出更大的影响力。发展的目光并不只聚焦在一个村，不少县域也在布局"全域文旅"，形成景城共建、文旅共融的效益。

2023年6月，"走千年古城，读文脉春秋——迎亚迎2023绍兴古城CITYWALK"活动在绍兴市越城区开幕，呼吁用脚步探索古城文明。

Citywalk（城市漫步），作为一种深入城市脉络肌理的探索方式，也考验着区域文旅资源的排兵布阵、迭代革新。

在绍兴市委常委、越城区委书记、滨海新区党工委书记、镜湖新区开发办党组书记徐军看来，古城是绍兴的根脉，也是绍兴最具核心竞争力和不可复制的文化IP，"是一个没有围墙的博物馆"。

徐军从深度、新意和质量三个维度，解读全域文商旅的融合奥秘：项目做精，产业做实，让文旅资源互相支撑促进，推动整体提升；创新消费模式，推出古城四季、荧光夜跑等活动吸引客源；打造小吃一条街、餐饮一条街、酒吧一条街等特色街区，建设优质打卡平台。

在浙江，无论是一个村庄，还是一座城市，都有着丰富的文旅资源。

盘活资源、注重运营、打造 IP，是筑巢引客的第一步，也是念好文旅融合致富经的第一步。

政策助推，县域文旅正行稳致远

不少县域的发展定位中带着文旅的影子，比如台州市仙居县正打造世界级旅居目的地，嘉兴市嘉善县瞄准国家级旅游度假区……相关政策的出台，让县域文旅如虎添翼。

在仙居县，有一句"大张旗鼓兴旅游"的口号。台州市仙居县委书记崔波说："我们仙居是一个旅游城市，旅游是我们的金名片。"他表示，当地历任领导都在抓的"中国山水画城市"很符合仙居的定位，这个不能变。

2023 年 3 月，仙居县人民政府印发《仙居县推进全域旅游高质量发展实施意见》，其中提出，县财政每年安排不少于 3000 万元旅游高质量发展资金，并将在景区提质升级、乡村旅游提升发展、品牌酒店引进创建等方面给予奖励。

向海洋要发展的舟山市普陀区，也凭借鲜明的海岛风情，位居全省旅游榜单前列。

2023 年第三季度，普陀区实现全域旅游人次 1089.4 万；此外，接待过夜游客人数 706.6 万人次，同比 2022 年增长 72.2%，同比 2019 年增长 42.9%，该项综合评分位列全省第二。

2022 年底，普陀区人民政府发布《关于加快推进海岛民宿产业发展的实施意见》，提出将加大财政支持、优化用地保障等政策扶持举措。大量过夜游客，使得民宿成为增收致富的一条重要路径。

"在这个过程中，首先政府要提供全方位的服务，打造一个立体化的培训体系。"舟山市普陀区委书记孙志龙提到，近几年，区里的年轻干部结对民宿，已成为民宿发展的指导员，这也是当地优质民宿数量众多的一个原因。

县域文旅需要长期谋划，也期待全民参与。安吉县人民政府持续多年发布了相关文件，加快全域旅游产业发展。随着全域美丽乡村建设、全域旅游进一步深化，安吉在全国县域旅游百强县榜单稳居一席。

2023年，《安吉县人民政府办公室关于支持全域乡村运营的若干政策意见（试行）》发布，其中提及的"两入股三收益"利益联结机制，更是从政策指引、创新运营的维度，将更多村民纳入全域文旅创建。

湖州市委常委、安吉县委书记杨卫东提到实行"两入股三收益"利益联结机制的梅溪镇红庙村，这个废弃矿坑于2022年被打造成可以喝咖啡、赏风景的热门景点。

"以前汽车来了，老百姓觉得跟他没关系。现在不是这样，他会紧紧围绕项目的运营去做一些服务，因为他要分红。"杨卫东说。2023年国庆假期，仅10月2日当天，村里就售出7000多杯咖啡。

政策扶持、干部结对、全民参与，在文旅复苏的当下，既为当地赢取了致富先机，也推动着浙江县域文旅产业行稳致远。

产业协同，好风景中孕育好经济

丽水市缙云县委书记王正飞回忆起仙都风景区创建AAAAA级景区期间遇到的一起突发事件：在文旅部专家现场考察前，恰逢台风来袭，不仅对小流域造成了冲击，也将景区原先做的一些基础设施冲毁。

梦寐以求多年的"AAAAA"近在咫尺。缙云县委、县政府带领全县上下，投入灾后重建当中，用了不到一个月的时间，就把景区恢复到灾前水平，最后顺利通过AAAAA级景区创建和验收。王正飞说："AAAAA对经营太重要了，它影响一个地方的整体发展。"

县域文旅早已从门票经济转变为产业经济，一个好的文旅IP，能给县域带来谋篇布局的更大底气。

仙居县有着山岳风光秀美的ＡＡＡＡＡ级景区神仙居，慕名而来的游客不计其数。谈及2024年即将开通的杭温高铁，台州市仙居县委书记崔波说："现在我们的游客量很大，所以我们不担心车次会绕过仙居。"

"中国山水画城市"正升级为"现代化中国山水画城市"，全力推动县域旅游，也布局教育、医疗、康养、科创等产业。日益明显的区位优势、生态优势，带动整个仙居飞跃。

文旅产业，是县域产业协同发展的活力来源之一，好风景中，也能孕育好经济。在维持这一产业蓬勃态势的同时，许多县域也侧重工业等领域的发展。

"我们现在发展工业，并不是以破坏环境为代价。"衢州市衢江区委书记王慧杰提出，衢江区有着"工业立区、工业强区"的战略，这和"绿水青山就是金山银山"理念是相互促进的关系。他表示，旅游相关产业的发展需要大量人口，"实际上正是工业发展了，大量外来人口流入，把我们的人口基本盘做大，我们的旅游也会相应地发展得更好"。

一业兴百业。文旅配套服务打造与城乡能级提升趋势一致，文旅发展与工业等能形成产业协同效应，落子县域文旅，也能激活县域高质量发展这盘棋。

在访谈中，县委书记们争先推介当地旅游路线和特色美食，还带来了嘉善的巧克力、越城的乌篷船模型、缙云的剪纸等文旅"特产"。

跟随县委书记们推荐的旅游路线，我们可以漫步在越城区的"一城一桥三故里"，去安吉的云上草原滑雪，在嘉善的歌斐颂巧克力小镇品尝甜蜜，观赏缙云仙都风景区里的层峦叠嶂……

在"浙"里，文旅正当时。

人才篇

杭州市委常委、余杭区委书记刘颖

浙江"经济第一区"的青春密码

余杭这些年来在人才招引上花了大力气，也取得了比较好的效果。现在全区人才总量已经突破 39 万，余杭区总人口 136 万，相当于 4 个人里就有 1 个是人才。在梦想小镇创业，我们免费提供空间，水电费给予补贴。我们还推出了两个特色项目，一个是创业贷，一个是创业失败险。我们相信，在这种机制之下，年轻的人才，包括其他各类人才，在余杭会有更多展示才华的舞台。

湖州市委常委、安吉县委书记杨卫东

让新经济新青年双向奔赴

我们的新经济，其实是数字经济的平台经济，也是地瓜经济、总部经济，更是年轻人经济和人才经济。让新经济新青年双向奔赴，为安吉经济发展提供强大动能。我们提出的下一个目标是三个"1"奋斗目标：引进 100 个新经济项目，实现的产出要达到 1000 个亿，汇聚的新青年要达到 1 万人。

衢州市衢江区委书记王慧杰

"青年衢江"，共邀逐梦

我们必须未雨绸缪，主动应对，要拿出更大的决心、更开放的姿态、更积极的政策、更贴心的服务，这样才能够吸引更多的年轻人来到衢江，扎根衢江，为衢江这座城市注入青春活力。让青年的衢江、衢江的青年双向奔赴，互相成就，共同发展。为此我们也出台了一系列重磅举措，发布了衢江服务青年发展 40 条，涵盖了青年就业、创业、生活等方方面面，可以说条条是干货。

温州市龙港市委书记何宗静

青春龙港，你一定会爱上这里

所有一切的关键核心，还是靠人。我们这几年倡导"C 位就座"，无论开什么会，只要有优秀的企业家、人才朋友来，就坐在"C 位"。我们还上门送匾，让他非常有主人翁意识。另外，我们出台了"人才优政 50 条"，每年用心用情办好人才服务"十件实事"，这样国家的高层次人才数量和这几年新引进的大学毕业生就业人数比设市之初分别增长了近 4 倍和 11 倍。人才涌动而来，未来肯定会创造新的传奇。

抢人大战的"真功夫"

潮新闻记者　黄云灵　薛昊悦

人才是强化创新驱动、抢占未来发展制高点的根本支撑。20年前，为浙江量身打造的"八八战略"打开了浙江高质量发展的新通道，人才强省战略作为"八八战略"的重要内容，指引着浙江人才集聚度、活跃度、贡献度和美誉度持续提升，让浙江和人才相互成就。

浙江省人才发展研究院2023年11月发布的《浙江人才强省二十年报告》显示，20年来，浙江深入实施科技创新和人才强省首位战略，截至2022年底，全省人才总量达到1481.78万人，比2003年增长4.4倍，每万人口中人才资源数为2898人，比2003年增长了3.83倍。

强化人才建设，筑牢基层根基是关键之举。面对省会城市、大城市的虹吸效应，小县的"人才经"该怎么念？县城引才的"留量"密码是什么？在浙江日报报业集团、潮新闻2023年11月发起的"潮涌之江·对话县委书记"大型融媒体访谈活动中，各位县委书记也就此着重进行阐述，并给出了自己的思考。

好"风景"里聚人才

近年来，国内越来越多的城市掀起"抢人大战"，"你方唱罢我登场"，优惠政策层出不穷。一轮轮"抢人大战"的背后，是城市间一场关于未来的竞争。

"鱼无定止，渊深则归，鸟无定栖，林茂则赴。"人才招引，大城市自有大城市的优势，小县城也有小县城的招数。"绿水青山就是金山银山"

理念发源地——湖州市安吉县,把大力招引新经济作为引育青年人才的关键一招。

湖州市委常委、安吉县委书记杨卫东说,所谓"新经济",就是一种创新经济、活力经济,也是地瓜经济、总部经济,更是年轻人经济、人才经济。

2022年6月,总部位于安吉的能链智电在纳斯达克敲钟上市,成为中国充电服务第一股,这标志着安吉县正式开启新经济发展的元年。此后短短一年多时间,安吉引育的新经济上市企业已达7家。

随着一大批新经济平台在绿水青山间加速崛起,安吉县先后吸引入驻的创业实体和吸纳的青年人才不断递增,青年人才乡村创新创业蔚然成风。

据杨卫东介绍,2023年,安吉把招引10万青年大学生作为县域经济社会发展的第一战略目标,源源不断地将生态环境优势转化为对人才集聚类项目和高校毕业生的吸引力。

"来了就有钱,来了就有房,来了就有伴。"杨卫东一句话道出了安吉全方位的人才保障体系,"比如说,一名普通本科毕业生,来到安吉就业创业,来了就有钱,只要申请一次,每月就能享受1500元的各类补贴,连补2年;来了就有房,我们推出了共有产权房,不用30%首付,直接按揭还款,还有15万元的房补月充;来了就有伴,年轻人在这里每天有运动、每周有聚会、每月有活动。"

如今,行走在安吉的乡村,处处都能感受到蓬勃的青春活力。乡镇(街道)布局建设了一批青年集聚、各具特色的"百人楼""千人园""万人社区",定期开展创业创新大赛;安吉大余村积极投身"在湖州看见美丽中国"实干争先主题实践,创新发起了"余村全球合伙人"计划,盘活闲置空间,建设青年人才社区青来集,2023年6月正式开园,目前有1000余名大学生在这里创业;安吉溪龙乡自2022年以来就集聚了一大批"数字游民",他们无需固定工作地点,通过互联网就可以上班,实现了

"在旅行时办公,在风景里成功"。

杨卫东表示,未来,安吉要力争实现三个"1"的目标,即招引新经济企业 100 家、实现营收 1000 亿元、集聚新经济领域青年人才 1 万名,努力让新经济的星星之火在安吉大地形成燎原之势。

最优服务留人才

当今,新一轮科技革命和产业变革加速演进,人才尤其是高层次人才成为关键变量,人才竞争的激烈程度前所未有。

在这样的大背景下,位于杭州西郊的余杭区成为全省科技创新高地,人才资源总量突破 39 万人,占常住人口的 1/4 以上。

余杭是怎么做到的?杭州市委常委、余杭区委书记刘颖介绍,这些年,余杭在人才工作上花了大力气。

2022 年,余杭出台人才新政"黄金 20 条",以增强创新策源能力为主线,围绕服务保障、人才招引、认定标准制定配套细则,为各类人才提供研发、产业化、团队建设、生活安家等多方面政策支持,全年累计拨付人才专项资金 7.5 亿元。

同时,余杭还组建了区人才发展集团,融合政府主导和市场机制双向优势,探索人才服务市场化改革,整合各方资源,从供需两端入手,全方位助力人才发展,提升全区人才工作的专业化水平和整体竞争力。

再者,余杭建立了全区重点人才工作推进例会机制,定期会商人才工作中遇到的重大问题。2022 年以来,通过召开推进例会协商解决人才引育、人才项目等各类问题百余个。

刘颖在访谈中重点提到了梦想小镇。

2014 年,一句"我负责阳光雨露,你负责茁壮成长"的口号,让梦想小镇成为各路双创精英的"朝圣地"。

"来梦想小镇创业，余杭提供免费的物理空间，还补贴水电费。"刘颖说，创业者在余杭，只需专注把项目做好即可。找场地、搞装修、做财务规划、法律咨询等事项由梦想小镇一键全包式服务。

创业有风险，余杭还为创业者推出了两项特色服务：一是创业贷，年轻人创业项目要落地，刚开始资金上有困难，政府给贷款；还有一招是创业失败险，保险两年，万一创业失败，也给赔付。

正是在这样的机制之下，梦想小镇给了年轻人展示才华的大舞台。8年来，这里引进了深圳紫金港创客、良仓孵化器等知名孵化器，集聚创业项目 3030 个、创业人才 26367 名。

不仅仅是在梦想小镇，"我负责阳光雨露，你负责茁壮成长"的理念渗透在余杭的每一方热土上。过去 12 年，余杭本科及以上学历人口的数量几乎增长了 4 倍。从 2013 年以来的 10 年间，余杭未来科技城从业人员的平均年龄从 42 岁下降到 32 岁。

据刘颖介绍，接下来，余杭将加大基础研究人才、领军型人才和优秀青年人才引培力度，连接长三角、全国乃至全球科技人才资源，让各类人才在余杭都能有展示他们才华的舞台，力争到 2025 年人才总量达 50 万。

城与人双向奔赴

对城市和人才来说，人才成就城市、城市成就人才的良性互动是双方的共同追求。作为高速发展的地区，衢州市衢江区早早将此嵌入了城市发展基因。

2023 年 8 月举行的衢江区委十四届五次全会，提出了深化"五城"建设、打造"青年衢江"的课题，号召广大干部群众，大力推动青年发展型城市建设，推动年轻的衢江和衢江的青年双向奔赴、互相成就、共同发展。

"五城"，指的是近年来衢江一直聚力的枢纽之城、康养之城、活力之城、幸福之城、智治之城建设。衢州市衢江区委书记王慧杰说，"青年衢江"，正是推进"五城"建设的重要保障。

"区域竞争看起来比的是经济的体量和增量，背后拼的是人才的数量和质量。"王慧杰说。在全国各大城市都放低身段，拿出"真金白银"吸引青年的形势下，衢江区必须拿出更大的决心、更开放的姿态、更积极的政策、更贴心的服务，才能吸引更多青年人来到衢江、扎根衢江，为这座城市注入青春活力，也只有这样，才能在未来牢牢把握发展主动权。

建设"青年衢江"，行动见真章。为了给广大青年提供全方位、全周期的服务，衢江区连续推出了一系列相关举措，发布了衢江服务青年发展40条。与此同时，一批重要城市配套项目在衢江陆续开建，成为青年发展型城市的基石；不断加大人才招引力度，为优秀的人才提供更多的机遇和福利。近3年来，衢江区共引进青年大学毕业生1.41万人，其中硕士、博士347人，为"青年衢江"建设注入源头活水。

距离衢江东南方向300余千米处，浙江最年轻的县级市温州龙港市同样对青年寄予厚望。"青春孕育无限希望，我们希望有更多青年才俊来到这座城市，以'城市合伙人'的身份，与城市形成深度捆绑，共创共享、共生共荣。"温州市龙港市委书记何宗静说。

2023年10月，龙港召开城市发展大会，招募"城市合伙人"，要打造"青年理想地"，接迎天下英豪"来龙港、致青春、创未来"。

"我们以'来龙港、致青春、创未来'为主题，以'青年理想地'为城市文旅概念打造系列青年IP（知识产权），也配套推出了系列举措。"何宗静说。龙港将以最优平台集聚人才，打造"让年轻人圆梦"的地方；以最高礼遇厚待人才，打造"让年轻人向往"的地方；以最佳环境留住人才，打造"让年轻人安心"的地方。

何宗静举例说，龙港以"C位就座""上门送匾"等最高礼遇表彰优秀企业家和人才，连续4年高规格举办世界青年科学家峰会龙港专场，创新推出"人才龙港行"六大系列活动，迭代出台"人才优政50条"，用心办好人才服务"十件实事"，着力打造引才宝地。

据悉，设市以来，龙港高层次人才数、年均吸引大学毕业生就业数较设市之初分别增长4倍、11倍，2022年引进国家领军人才5人。

人才就是动量，浙江县域在人才招引的工作上都作出了不懈的努力，这也成为浙江不断全面提升高质量发展的关键之一。

兴趣爱好篇

杭州市委常委、余杭区委书记刘颖

打羽毛球能健身，亦能提高心理素质

我喜欢打羽毛球。打羽毛球好处很多：第一，可以锻炼颈椎；第二，比赛激烈出身汗，每天经常性地出出汗，能够锻炼身体；第三，羽毛球比赛能在很短时间内比出结果，这也体现一种好胜心，输了想赢，赢了想保持。

宁波市委常委、慈溪市委书记林坚

喜欢走路，用脚步丈量土地

我喜欢走路，快走。当初我到县（市、区）工作的时候是负责政府常务工作，还管着城建。走路，一方面能运动；另一方面就是各地所有的规划图也好，地图也好，靠脚走过以后，就印在脑子里了。

温州市龙港市委书记何宗静

走路让头脑更清醒，亦能疏解压力

我最大的爱好是走路，一是因为工作，我们经常坐着，走路就对身体有好处。二是我觉得走路很方便，有一双鞋就可以随时随地走，也不一定要人陪。在走路的过程当中，一方面，可以让头脑更加清醒，可以思考一些东西；另一方面，当我们烦躁的时候，走路能释放压力，走走路就什么都不想，就释放了。

湖州市委常委、安吉县委书记杨卫东

爬山与练字两手抓

我的兴趣爱好一是锻炼身体，二就是练书法。早晨一般跑 5 公里，平常如果有时间再去爬爬山。我认为爬山很好，在安吉这些年，我基本上把当地比较有名的山都爬过了。

绍兴市委常委、越城区委书记、滨海新区党工委书记、镜湖新区开发办党组书记徐军

多运动能缓解压力，提升自身状态

我以前的兴趣是打网球，对网球比较热爱。我建议我们的干部多运动，现在工作比较繁忙，压力也很大，无论是情绪调节还是身体状态调整，都需要运动辅助。我觉得效果非常好，对缓解压力、提升我们自身的状态也是有用的。

嘉兴市委常委、嘉善县委书记江海洋

搞招商需多看书，不断了解新兴领域

工作之余，我喜欢打篮球、跑步，还有看书。因为我们搞招商，需要不断了解一些新兴的领域。平时看一些小说，也有类似评论的书刊。

绍兴市委常委、诸暨市委书记沈志江

除了阅读，还会打篮球或羽毛球

我觉得适当运动，对人无论是放松身心，还是提升身体素质，都有很好的促进作用。当县委书记真的不太有时间，但平时也需要放松一下，除了看看书之外，还打篮球、打羽毛球，这两项运动我都非常喜欢。平均来讲，每个月我会打一次羽毛球或篮球。

衢州市衢江区委书记王慧杰

在小区走一小时就算完成一天锻炼

我的爱好是打球，比较喜欢打网球，但现在很难腾出时间，所以运动基本上就是晚上在小区里走走路。一般我们下班可能都要晚上 10 点来钟了，然后在小区走一小时，就算是完成一天的锻炼了。有时周末有空，也会约几个人打一场球。

舟山市普陀区委书记孙志龙

走到海塘堤上感受市井烟火

我最喜欢的就是走在普陀区风景非常优美的海塘堤上，看看市井烟火气，体验一下外地游客的感受，了解一下本地老百姓在跳广场舞间隙都在讲些什么、关心什么。

台州市仙居县委书记崔波

走进大自然，体验绿水青山

夏天喜欢游泳，我很感激组织把我放到了仙居这么一个山清水秀的地方。平时我喜欢开车，周末就带着爱人在山里转。我喜欢到大自然当中去，也跟当地的老百姓聊聊天。

丽水市缙云县委书记王正飞

动静结合，运动读书两不误

工作之余的我是这样的，一个叫"静"，一个叫"动"。"静"就是一定要挤点时间看书，我喜欢看各种杂书，能拓宽思维。另外一个是"动"，我以前在学校喜欢踢足球，现在偶尔利用下班或双休日时间，甚至晚上挤出一点时间到篮球场投投篮，再到健身房适当运动。

工作之余的"动与静"

潮新闻记者 董 洁 曾杨希

主政一方，县委书记工作的繁忙程度可想而知，面对工作，要想随时保持充沛的精力和昂扬的状态，兴趣爱好能够起到很好的调节作用，也能帮助人塑造丰富的阅历和强健的体魄，让人充满生机活力。

那么，在繁忙的工作之余，县委书记们都有什么样的兴趣和爱好？他们是喜欢打篮球、跑步，还是看书挥毫？在浙江日报报业集团、潮新闻2023年11月发起的"潮涌之江·对话县委书记"大型融媒体访谈活动中，县委书记们也聊起了他们的爱好——各不相同，却又有着共通之处。

有的爱动，篮球、网球、羽毛球

在基层工作，必须有一个好身体。

在县委书记们平时喜欢的运动中，篮球、网球、羽毛球名列前茅。

"说实在的，当县委书记真的不太有空闲时间，但平时也需要自己放松一下，除了看书之外，运动一般会打篮球、羽毛球，这两项我都非常喜欢，平均一个月打一次羽毛球或篮球。"绍兴市委常委、诸暨市委书记沈志江说。

在他看来，这两项运动最大的好处是，打的时候，可以什么东西都忘记，只要出身汗就行，打完以后觉得特别轻松。"我觉得适当的运动对人来说，无论是放松也好，提升也好，是很好的促进。"

杭州市委常委、余杭区委书记刘颖则喜欢打羽毛球。"打羽毛球可以锻炼颈椎，也可以出出汗，提高新陈代谢。另一方面，羽毛球是一种能在短时间内得到竞赛结果的运动,这是我们的一份好胜心,输了想赢,赢了想保持。"刘颖说。

这份热爱运动的心情对于台州市仙居县委书记崔波来说也是一样。"我喜欢运动。以前我喜欢踢足球。"崔波说。大学时,他曾是学校足球队队长,但踢球受过伤,现在无法做这么剧烈的运动了。所以,每年到了夏天,他会去游泳,另外他也喜欢开越野车,周末有空时他会和夫人开车去大自然中逛逛,领略仙居的山清水秀,跟仙居的老百姓聊聊天。

绍兴市委常委、越城区委书记、滨海新区党工委书记、镜湖新区开发办党组书记徐军曾经打了10多年网球。"从2003年开始打到2019年,后来到上虞工作,因为比较忙,我就没打了。打了十几年的球,所以对网球我还是比较热爱的。"

在他看来,运动对于人的身、心都有益处。"我也建议我们的干部应该多运动,现在的工作比较繁忙,压力也很大,无论是情绪调节还是身体状态的调整,都需要有一项运动来辅助,运动对缓解压力非常好,对提升我们自身的状态也是有用的。"

有的喜静,看书、散步、快步走

世界千变万化,做好基层的"领头羊"也要求县委书记吸收大量信息,摄取各类知识。

因此,看书是不少县委书记最大的爱好。

"我的爱好是看书,看得比较杂,既有历史方面的书,也有一些前沿知识的书。因为我们搞招商,需要不断了解一些新兴的领域,另外我也看一些小说,以及言论评论。"嘉兴市委常委、嘉善县委书记江海洋说。

除了看书,还有许多县委书记爱好散步。

"我喜欢快步走路。一方面,能达到运动的目的;另一方面,用脚步丈量，可以更加了解城市的规划建设。"宁波市委常委、慈溪市委书记林坚说。

温州市龙港市委书记何宗静也是如此。"我最大的爱好是散步。工作原因，平时坐下办公的时间多，走走路，对身体有好处。同时，走路不需要特殊的装备，一双鞋，随时随地可以走。在散步的过程中可以思考。"

周末如果有时间，舟山市普陀区委书记孙志龙会去打一场篮球，但平时他最喜欢的是在普陀区沿海的海塘堤上走走，感受舟山的烟火气息。"有时遇到当地老百姓认出了我，也会跟他们聊聊天，谈谈他们眼中城市管理建设过程中的不足。"

衢州市衢江区委书记王慧杰爱好网球，有接近 20 年的球龄。"我比较喜欢打网球，球龄有快 20 年了，但是现在很难腾出时间打球，所以基本上我的运动就是晚上在小区里走走路，一般我下班也都 10 来点钟了，下班后在小区走一小时，就算是完成一天的锻炼了，有时候周末有空也会约几个人打一场球。"

有的动静皆宜，爬山、书法、去健身房锻炼

"工作之余，我觉得要有一'静'一'动'。"丽水市缙云县委书记王正飞说。

静，就是一定要挤点时间出来看书。

"我喜欢看点杂书，各种类型的都看。"在王正飞看来，一方面，看书可以拓宽人的思维；另一方面，能够让平时比较固化的思想方法和模式有一些变化，比如散文使人更浪漫，小说让人更富有想象力，还有一些哲学方面的书可能让人更有思辨性。

动的方面，王正飞在学校时喜欢踢足球，现在偶尔利用下班或双休日的晚上，抽一点时间到篮球场投投篮，去健身房适当运动运动。

王正飞认为，篮球是一种非常好的运动，它能让人出汗，并且还让人有一个目标，投篮的过程，对着这个目标，投进去就有收获感，打球的时候不会枯燥，而且运动量还不小。但因为害怕打篮球时身体对抗太强导致受伤，所以他很少跟别人打篮球，"因为一旦受伤，就会影响工作，所以我需要保护好自己的安全，基本上是一两个人玩玩，以出汗为主。"王正飞说。运动能够磨炼人的意志，去健身房，他通常会动一动哑铃，玩一玩器械，希望能够将身心锻炼得更强大。"我喜欢每天早上起来的时候，先做五六十个俯卧撑，一天就有精神了。"

湖州市委常委、安吉县委书记杨卫东的爱好也包含了一"动"一"静"：一个是体育锻炼，另一个是练书法。

"一般在早晨，我会到室外跑 5 公里。平常如果有时间，也会去爬山。我来安吉工作后，安吉比较有名气的山基本都爬过了。"杨卫东认为，平时工作比较忙，而稍微锻炼一下身体，可以保持更加旺盛的工作精力。

后记

第一次作为视频访谈主持人亮相镜头前，难免"小紧张"。

推动潮新闻探索打造"新闻＋评论＋社交"特色栏目《读端》后，再次试水融媒新打法，着实"小激动"。

不到一个月时间，要完成12位县（市、区，下同）委书记专访，"压力山大"。

引来大流量，赢得高赞誉，积累好经验，收获新感悟。

一场融媒体访谈活动，带给我4种不同体验。每次想起，感慨颇多。

时钟拨回2023年11月，浙江日报报业集团、潮新闻围绕学习宣传贯彻习近平总书记考察浙江重要讲话精神和中共浙江省委十五届四次全会精神，策划了"潮涌之江·对话县委书记"大型融媒体访谈活动，希望我担任访谈主持人。我欣然应允。

一来，作为省级党报集团社长，面对重大主题报道任务，有必要靠前指挥，带头深入基层一线。

二来，作为曾在县级党委政府工作多年的"老书记""老区长"，与普通记者相比，和县委书记有更多共同语言。

三来，主题教育期间，我系统重读《之江新语》《习近平浙江足迹》等书籍，从这些精神富矿中，再次领悟习近平总书记关于县域治理的重要论述精神。潮新闻这一策划与我平时的一些思考不谋而合。

还有一点，就是想尝试党报党端深度联动，以此提升浙江日报报业集团特别是潮新闻在县域的影响力。

说干就干，干就干好！

浙江全省11个设区市、90个县，访谈哪些地区？我和小伙伴与各市组织、宣传等有关部门反复酝酿，多维度筛选，12个样本县个个典型，从中可以一窥浙江县域治理全貌。

县域治理千头万绪，1个多小时的访谈怎样"划重点"？我结合工作经历和主题教育成果，构建起访谈坐标体系（据此撰写的《对话县委书记的九个维度》也收录进本书），又和小伙伴结合前期蹲点调研，翻阅当地大量资料，为每个县准备了兼具共性与个性的采访提纲，既让访谈对象感到亲切自然，又让读者用户感觉生动立体。

万事俱备，只欠档期。正如我在采访手记中提到的，对话县委书记的难处之一，是约定的时间往往因为工作原因不断调整，以至于多场访谈安排在工作日晚上或者是周末。我不由感叹：浙江县委书记太拼！

摄像机打开，"冒险"开始。我和县委书记约定，访谈不用提词器、提示卡，围绕主题、敞开心扉、尽兴发挥。访谈前，双方都有些紧张；开机后，很快迎来思想激烈碰撞，对话酣畅淋漓，县委书记"金句"频频。

这边录制新访谈，那边正按照传播方案刊发、推送上期访谈作品。浙报头版、潮新闻首屏、传播矩阵，综述短视频、"金句"摘录、融媒产品……整组报道106篇，全网总传播量2988万，其中12篇综述短视频端内阅读量篇篇"10万+"。

成效远不止数据：相关报道在党政干部朋友圈刷屏，多个县希望加入"下一季访谈"。不少省外媒体负责人留言，打算学习理念方法，丰富"走转改"载体内涵。多位专家学者撰文点赞相关报道，高度评价浙江县域治理突出成效和浙江县委书记"治县秘籍"。还有读者用户建议，将报道汇编成册，供更多人参考借鉴。

本书的出版，就是对大家的回应。我们希望，在推进中国式现代化的新征程上，在媒体融合向纵深发展"下一个10年"的起点上，与各地"一线总指挥"和专家学者分享一批浙江县域治理的典型案例，与传媒同行分享一次融媒实践的探索历程和经验。

付梓之际，感谢12位县委书记百忙之中接受访谈，他（她）们的"治县秘籍"和精彩回答，让浙江县域和浙江干部形象更加鲜活丰满，让整组报道璀璨夺目。感谢各县（市、区）党委办公室、党委宣传部和融媒体中心等单位同志默默承担了大量沟通协作工作，让这场活动顺利从方案变为现实。感谢各位专家学者关注点评，特别是何毅亭、韩庆祥两位先生拨冗作序，字字珠玑，让本书更加厚重也更有高度。感谢集团各位小伙伴，特别是潮新闻采编团队、集团各分社和红旗出版社同事的辛勤付出，向所有为本书的出版提供帮助的朋友们表示衷心的感谢！

姜　军

2024年3月18日

图书在版编目（CIP）数据

社长访谈县委书记：县域治理的浙江实践 / 姜军主编．－－北京：红旗出版社，2024.4（2024.7重印）
ISBN 978-7-5051-5400-1

Ⅰ.①社… Ⅱ.①姜… Ⅲ.①县级经济—区域经济发展—浙江—文集 Ⅳ.① F127.554-53

中国国家版本馆 CIP 数据核字（2024）第 022135 号

书　　　名	社长访谈县委书记：县域治理的浙江实践		
主　　　编	姜　军		
责任编辑	赵　洁　刘云霞	封面设计	袁由敏　孙琬淑
责任校对	吕丹妮	责任印务	金　硕
出版发行	红旗出版社		
地　　　址	北京市沙滩北街2号	邮政编码	100727
	杭州市体育场路178号	邮政编码	310039
编辑部	0571-85310198	发行部	0571-85311330
E－mail	498416431@qq.com		
法律顾问	北京盈科（杭州）律师事务所	钱　航　董　晓	
图文排版	浙江新华图文制作有限公司		
印　　　刷	浙江新华印刷技术有限公司		
开　　　本	710毫米×1000毫米	1/16	
字　　　数	250千字	印　张	19
版　　　次	2024年4月第1版	印　次	2024年7月第4次印刷
ISBN 978-7-5051-5400-1		定　价	88.00元